BIBLIOTHEQUE

HISTORIQUE

illustrée

PARIS

LIBRAIRIE DE FIRMIN-DIDOT & Cie

# LE THÉATRE

ET

# LA MUSIQUE.

TYPOGRAPHIE FIRMIN-DIDOT. — MESNIL (EURE).

L'ANCIENNE FRANCE.

# LE THÉÂTRE

MYSTÈRES — TRAGÉDIE — COMÉDIE

ET

# LA MUSIQUE

INSTRUMENTS — BALLET — OPÉRA

JUSQU'EN 1789.

OUVRAGE ILLUSTRÉ DE 228 GRAVURES

ET D'UNE CHROMOLITHOGRAPHIE.

PARIS,

LIBRAIRIE DE FIRMIN-DIDOT ET C^IE,

IMPRIMEURS DE L'INSTITUT, RUE JACOB, 56.

1887.

# LE THÉATRE

ET

# LA MUSIQUE.

---

## LE THÉATRE.

### CHAPITRE PREMIER.

Disparition du théâtre antique. — Représentations pieuses dans les églises. — Les grands mystères. — Les Confrères de la Passion à Paris. — Représentations publiques. — La comédie depuis le treizième siècle. — Adam de la Halle. — La farce de *Pathelin*. — La Basoche. — Les Enfants sans souci. — Création du théâtre littéraire, au seizième siècle.

Nous pouvons diviser l'histoire des origines du théâtre français en quatre périodes, nettement tranchées.

La première remplit les temps barbares, et la tradition gréco-romaine y domine à peu près exclusivement. Pendant la seconde, du septième au douzième siècle, l'élément profane fait place à l'inspiration chrétienne : le théâtre, dans l'acception moderne du mot, disparaît lui-même; il est, pour ainsi dire, absorbé par le cérémonial du culte, et il ne garde, de tous les souvenirs de Rome, que la langue latine. Au douzième siècle, et surtout durant les deux siècles suivants, les représentations scéniques sortent du sanctuaire : les confrères de métiers se mêlent, sur le théâtre, aux prêtres et aux moines, qu'ils vont y remplacer bientôt; l'idiome vulgaire balbutie des dialogues rimés; la pensée chrétienne règne toujours dans les grandes compositions dramatiques, mais déjà, à travers quelques-unes, on sent percer l'esprit frondeur des âges nouveaux. Enfin, au seizième siècle, l'art subit une transformation définitive : il cherche à se poser lui-même des règles fixes, il devient à la fois chevaleresque, religieux, satirique, classique et national.

Pendant la première période, les œuvres de théâtre furent peu nombreuses. Outre les comédies de Plaute et de Térence (fig. 1 à 5), et les tragédies de Sénèque, qui continuaient sans doute à être représentées çà et là, dans différentes villes de l'ancien monde romain où florissait encore la bonne langue latine, on ne connaît que de pâles essais du drame chrétien, tels que *le Christ souffrant,* attribué à saint Grégoire de Nazianze; une *Suzanne,* aujourd'hui perdue, que l'on croit être de Jean Damascène; un Dialogue entre Adam et Ève dans le paradis terrestre, etc.

Il est possible, d'ailleurs, que ces pièces n'aient pas été faites pour la scène. Le christianisme avait frappé d'une réprobation solennelle les représentations théâtrales, de quelque nature qu'elles fussent : tragédies ou comédies, pantomimes ou jeux du cirque. Les amphithéâtres, qui avec les temples païens formaient les principaux ornements des villes romaines, furent abandonnés comme ces temples eux-mêmes, à mesure que se répandait la foi nouvelle (fig. 6). Le roi des Francs Chilpéric fit construire, en 577, des cirques à Paris et à Soissons, mais l'art dramatique étant alors inconnu dans les Gaules, ce ne sont plus que des arènes, où paraissent en public des bateleurs, des danseuses, des chevaux et des chiens savants, et où se donnent des combats d'animaux féroces.

Le théâtre a disparu dans le naufrage de la société antique.

Fig. 1. — L'esclave et l'avocat. Types de personnages du théâtre antique, tirés des *Comédies de Térence*, ms. du xe siècle. Bibl. nat.

Du septième au dixième siècle, on trouve, vaguement indiquées dans les documents contemporains, deux sortes de représentations scéniques, les unes nomades et populaires, les autres religieuses : les premières, se rattachant plus ou moins aux traditions du paganisme; les secondes, offrant les premières tentatives d'un art nouveau. Les représentations nomades et populaires étaient données par les *histrions*, qui échangèrent d'abord ce nom discrédité contre le nom plus recommandable de *chanteurs*, et ensuite contre celui de *jongleurs*, que le peuple leur avait appliqué, et qu'ils gardèrent pendant tout le moyen âge. Montés sur de grossiers tréteaux, et assistés de bouffons, de mimes et de musiciens, qui accompagnaient leur voix avec des gestes, des grimaces et des instruments à vent ou à cordes, ils déclamaient ou chantaient plutôt qu'ils ne jouaient des rôles sérieux ou comiques.

Vers le neuvième siècle, autant qu'on peut le supposer d'après quelques passages des historiens du temps, les jeux de jongleurs, qui empruntaient surtout leur répertoire aux légendes des saints, prirent une sorte de caractère dramatique. Le dialogue avait succédé au simple récit, et plusieurs chanteurs à la fois représentaient ou plutôt psalmodiaient des scènes pieuses, qu'on appelait en latin *urbanæ cantilenæ*, ce qui peut se traduire par *complaintes de ville*, ou chants destinés à être dits dans les rues. C'étaient peut-être là des pièces de théâtre; mais, à coup sûr, l'Église défendait aux ecclésiastiques d'y prendre part et même d'y assister.

A cette époque, néanmoins, avaient lieu dans les églises, à l'occasion des grandes fêtes, de véritables représentations dramatiques qui semblaient faire partie intégrante du culte, et le clergé, dans ces représentations qu'il dirigeait seul, mettait lui-même en action les principaux épisodes de la vie de Jésus. Le jour de Noël, par exemple, on voyait paraître, à la messe, la crèche, les bergers, les mages, et jusqu'à l'étoile qui avait conduit ces derniers au berceau du nouveau-né. C'est dans la forme dialoguée de certains offices chantés aux fêtes de Noël, de Pâques et de la Pentecôte, qu'il faut chercher l'origine des *Mystères* et des *Miracles* du moyen âge.

A Hrosvitha, religieuse de l'abbaye de Gandersheim, originaire de la Saxe, revient l'honneur d'avoir composé les premiers essais dramatiques dignes de ce nom, essais qui, pour être des œuvres informes et barbares, n'en sont pas moins très intéressants sous le rapport de l'art. On prétend qu'elle est l'auteur de six drames

Fig. 2. — Le vieillard et la servante. Types de personnages du théâtre antique, tirés des *Comédies de Térence*, ms. du xe siècle. Bibl. nat.

latins, imités de Térence, lesquels durent être représentés devant les religieuses de son abbaye, vers la fin du dixième siècle. Honorer et recommander la chasteté, tel est le but dominant des drames de Hrosvitha, et ce théâtre primitif, s'il est permis de le lui attribuer, offre, dans sa rudesse, des traits qui feraient honneur au talent d'un maître (fig. 7 et 8).

Du onzième au treizième siècle, on célébrait, sous le porche des églises et dans le sanctuaire même, des offices dramatisés, où les principaux rôles étaient joués par le clergé, depuis le chanoine jusqu'au diacre, et qui formaient, pour ainsi dire, les

Fig. 3. — Le parasite et le soldat. Types de personnages du théâtre antique, tirés des *Comédies de Térence*, ms. du x^e siècle. Bibl. nat.

intermèdes de la liturgie chrétienne. Un de ces offices latins, sous le titre de *Mystère de la résurrection de Notre-Seigneur Jésus-Christ,* nous est parvenu, avec le détail de la mise en scène et la musique notée. Trois diacres, revêtus de dalmatiques, la tête couverte de voiles, « comme des femmes », dit le texte, et figurant les trois Marie, s'avançaient, portant des vases à la main, jusqu'au milieu du chœur; le front baissé, ils se dirigeaient vers le pupitre en chantant cette antienne : « Quelle main soulèvera la pierre du tombeau? » Un enfant de chœur, « en manière d'ange, » vêtu d'une aube blanche et tenant une palme, leur adressait cette question : « Que cherchez-vous dans le sépulcre, ô femmes chré-

Fig. 4. — Bacchis et le pêcheur. Types de personnages du théâtre antique, tirés des *Comédies de Térence*, ms. du xe siècle. Bibl. nat.

tiennes? — Nous cherchons Jésus de Nazareth, » répondaient les diacres. Et le mystère de la résurrection semblait s'accomplir, en présence du peuple, qui voyait ainsi se dérouler devant ses yeux les grandes scènes de l'Évangile.

Dès lors, un genre nouveau de dialogue scénique se constitue sous le nom de *Mystère,* et l'art théâtral voit s'ouvrir une ère nouvelle. Exclusivement écrit en latin dans l'origine, le mystère, pour être mieux compris de la foule, donne accès peu à peu au langage vulgaire; ce qui produit, d'abord, sous le nom de *farcitures,* quelques pièces d'une contexture étrange, moitié latines, moitié françaises, sur des sujets édifiants, et dont *les Vierges sages et les Vierges folles* offrent un des plus anciens exemples. Enfin, au treizième siècle, le latin disparaît pour laisser la place aux idiomes populaires. Mais les trois genres dramatiques, créés et adoptés dès ce temps-là, le mystère latin, le mystère *farci* et le mystère en langue vulgaire, furent simultanément représentés, jusqu'au moment où le drame pieux, définitivement sécularisé, sortit de l'église, où il offrait les caractères d'une procession religieuse, pour se déployer, avec une pompe toute païenne, sur les places publiques et dans les carrefours de la cité.

Il n'est pas facile, dans le chaos des productions théâtrales du moyen âge, de les distinguer entre elles par des définitions exactes, et de bien établir les conditions spéciales de chaque genre dramatique. On peut dire, toutefois, que le *mystère* est la représentation d'un fait tiré de l'Ancien ou du Nouveau Testament, comme le *miracle* est la mise en scène d'un fait emprunté à la légende d'un saint ou d'une sainte, et surtout à l'histoire de son martyre. Faisons remarquer, pourtant, que le titre de *mystère,* pris originairement dans une acception tout à fait précise, fut appliqué plus tard, par exception, à des compositions bien différentes des premières qui avaient reçu ce nom. On l'appliqua même aux œuvres dont les sujets étaient empruntés aux traditions chevaleresques, comme le *Mystère de Berte,* le *Mystère d'Amis et d'Amile*, le *Mystère de Griselidis*, joué en 1395, ou bien aux traditions païennes et mythologiques, comme le *Mystère de la destruction de Troie,* joué en 1459, ou même aux événements de l'histoire contemporaine, comme le *Mystère du siège d'Orléans,*

Fig. 5. — Le cuisinier. — Miniature du *Térence*, de Charles VI, ms. du commencement du xv^e siècle. Bibl. de l'Arsenal.

joué pendant la vie de Jeanne d'Arc ou peu de temps après sa mort.

Sauf de rares exceptions, les mystères et miracles furent, dans le principe, composés par des prêtres ou des moines. Cette particularité s'explique par cela même que les membres du clergé, généralement plus lettrés que les laïques, avaient dû considérer la représentation des pièces sacrées comme le moyen le plus pratique d'édifier et d'instruire les fidèles, en leur procurant une distraction d'autant plus agréable, un plaisir d'autant plus vif, que, durant ces époques à demi barbares, la guerre, la peste et la famine, trois fléaux qui s'engendrent l'un l'autre, menaçaient ou ravageaient sans cesse les villes désolées.

L'histoire littéraire a recueilli une liste assez longue d'auteurs de *mystères* et de *miracles,* du douzième au quinzième siècle. Le premier de ces auteurs est Hilaire, disciple d'Abailard, lequel a composé, sous le titre de *ludi* (jeux), des pièces dialoguées, imitées de la Bible et de l'Évangile. Le dernier nom qui clôt la liste, à la fin du quinzième siècle, est le *très éloquent et scientifique* et surtout très fécond docteur Jehan Michel, d'Angers, qui a souvent été confondu avec un autre Jehan Michel, évêque de cette ville, mort en 1447. Notre auteur remania le *Mystère de la Passion* d'Arnould Gresban et le fit jouer en 1486 « moult triomphalement », à Angers. Sous cette nouvelle forme, l'œuvre, augmentée de plus du double, et surchargée de tableaux nombreux et de scènes familières, obtint un grand succès; elle fut imprimée presque aussitôt.

Quant au monument le plus ancien de l'art dramatique en France, c'est sans doute un *Mystère d'Adam et Ève,* écrit en français, au milieu du douzième siècle, et qui mérite d'être considéré comme le type le mieux caractérisé des représentations qui avaient lieu à la porte des églises.

La pièce est divisée en trois actes ou parties, qui sont accompagnées d'un chœur et qui se terminent par un épilogue. Le premier acte comprend la chute de l'homme; le second, le meurtre d'Abel, et le troisième, l'intervention des prophètes annonçant l'avènement du Sauveur. Par intervalles, le chœur chante des versets latins, et l'épilogue se compose d'un sermon sur la nécessité de la pénitence. Le manuscrit où l'on a retrouvé ce mystère est d'autant plus curieux qu'il offre toute la mise en scène du drame : il débute par une notice sommaire, non seulement sur les décorations du théâtre et sur le costume de chaque personnage, mais encore sur le maintien et les gestes des acteurs, ainsi que sur la manière dont ils doivent débiter leurs rôles.

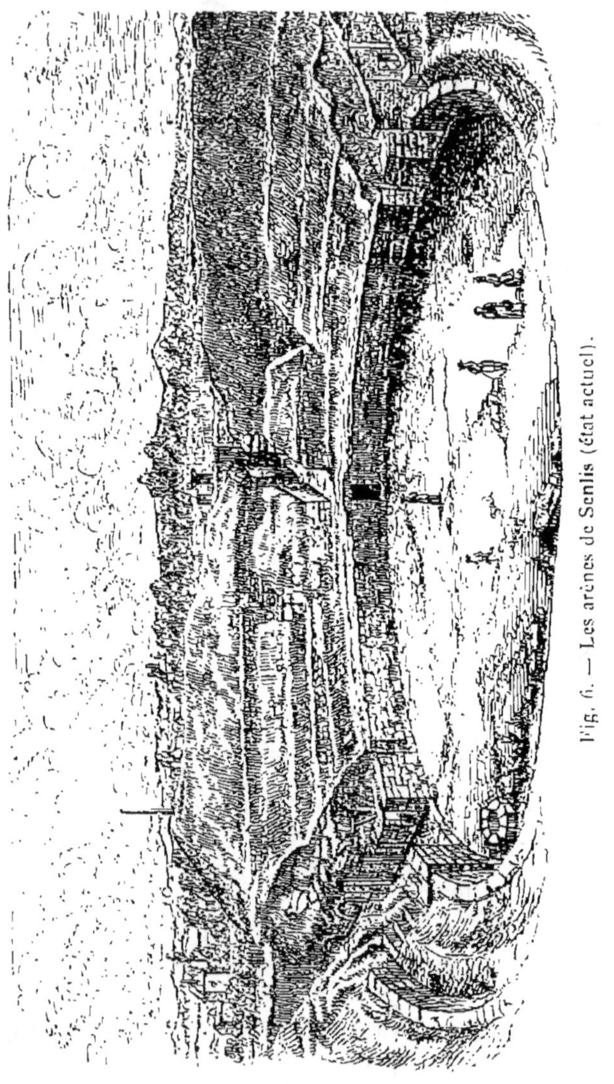

Fig. 6. — Les arènes de Senlis (état actuel).

Bornons-nous à donner l'analyse du premier acte, où l'on voit paraître quatre personnages : *Figura* ou Dieu, sous la figure humaine; Adam, Ève et le Diable. La première scène s'ouvre au milieu du Paradis terrestre, placé sur une éminence et orné de fleurs odoriférantes et d'arbres à fruits. Dieu est revêtu d'une dalmatique; Adam, d'une tunique rouge; Ève, d'un *peplum* de soie blanche. Il est à remarquer que toutes les fois que Dieu quitte la scène, il rentre dans l'église, ce qui nous indique exactement le lieu de la représentation.

Voici le début imposant de la première scène de ce mystère, dans le texte original, qu'il n'est pas difficile de comprendre, malgré son ancienneté :

DIEU.

Adam!

ADAM

Sire!

DIEU.

Fourmé te ai
*De limo terre.*

ADAM.

Ben le sai.

DIEU.

Je t'ai fourmé à mun semblant,
A m'image : ne t'ai fait de terre.
Ne m' devez jamais mover guerre.

ADAM.

N'en ferai-je, mais te crerrai :
Mun creatur, obeirai.

DIEU.

Je t'ai duné bon compainun :
Ce est ta femme, Eva a noun;
Ce est ta femme, e tun pareil.
Tu li deis estre bien *fiel* (fidèle).
Tu aime lui, e ele aime toi :
Si serez ben *ambdui* (tous deux) de moi.
El' seit à tun comandement,
E vus ambedeus à mun talent.
De ta coste je l'ai fourmée :
N'est pas estrange, de toi est née.
Je la *plasmai* (créai) de ton cors.
De toi eissit non pas de fors.
Tu la gouverne par raison;
N'ait entre vus jà *tençon* (querelle);
Mais grant amor, grand conservage :
Tel soit la lei de mariage.

Dieu se retire et laisse Adam et Ève se promener dans le paradis, en jouant innocemment (*honeste delectantes*). Les démons s'approchent et montrent à Ève les fruits de l'arbre du bien et du mal. Le Diable paraît alors et invite Adam à cueillir le fruit défendu : Adam le repousse, indigné. Le Diable s'adresse ensuite à Ève, qui ne résiste que faiblement à ses séductions. Adam force le Diable à s'éloigner, mais on voit celui-ci prendre la forme d'un serpent (c'était un serpent mécanique, *artificiose compositus*), qui se glisse en rampant près de l'arbre du bien et du mal. Ève cède aux perfides conseils de Satan, cueille la pomme et la présente à Adam, qui, après avoir refusé de la prendre, finit par en manger sa part.

Aussitôt il reconnaît sa faute et se cache dans un buisson, pour se dépouiller de ses habits de fête (*solemnes vestes*) et se couvrir d'un costume de feuillage. Ève et lui sont blottis dans un coin du paradis et n'osent paraître devant Dieu, qui se promène, revêtu d'habits pontificaux. Il appelle Adam, en latin : *Adam, ubi es?* (Adam, où es-tu)? Les deux coupables se montrent enfin, honteux et repentants; ils s'accusent l'un et l'autre. Dieu les chasse du paradis, en leur annonçant tous les maux qui les attendent sur la terre. Un ange, vêtu de blanc et armé d'une épée flamboyante, se tient à la porte du paradis. Dans la dernière scène, Adam et Ève cultivent péniblement la terre et y sèment du froment; mais, durant leur sommeil, le Diable vient planter des ronces et des chardons dans le champ de blé. A leur réveil, en voyant l'ouvrage du Diable, ils se roulent dans la poussière, se frappent la poitrine et s'abandonnent au désespoir. Le Diable rassemble les démons, qui chargent de chaînes Adam et Ève et les poussent vers l'enfer, où les deux pécheurs sont précipités, au milieu des rires et des cris qui sortent du gouffre enflammé.

Telle est l'analyse de ce premier acte, qui forme une pièce complète et qui réunit à la fois les trois genres de la tragédie, de la pantomime et de l'opéra.

Le mouvement dramatique qui se manifesta en France depuis le douzième siècle ne fut pas un fait isolé et particulier à une seule nation. Dès l'an 1110, le poète normand Geffroy avait fait jouer, à Dunstable, en Angleterre, le *Miracle de sainte Catherine,* dont les Anglo-Normands furent enthousiasmés. La représentation d'un mystère latin est mentionnée, dans une chronique du Frioul, à la date de 1298. En Allemagne, le mystère de la Passion (*Passionsspiel*) se joue à Vienne, dans la cathédrale même, et *le Sépulcre de Notre-Seigneur,* au fond de la Bohême, vers 1437. La Bretagne armoricaine nous fournit, dans sa langue nationale, une *Vie de sainte Nonne,* que certains critiques regardent comme antérieure au douzième siècle, et qui n'a cessé d'être représentée dans les campagnes jusqu'à nos jours.

Ces drames français, allemands, anglais, italiens, bretons, etc.,

Fig. 7. — Abraham entre dans l'hôtellerie. (Tiré des œuvres de Hrosvitha, publiées en 1501, à Nuremberg.)

composés dans un même esprit de piété, se produisent partout simultanément, sous une forme presque identique; ils sont inventés, écrits, joués par des prêtres ou par des moines. Bientôt les laïques font concurrence aux clercs pour les représentations théâtrales, et l'on peut dire que la chrétienté tout entière prend part alors aux représentations des *mystères* et des *miracles*.

Dans la plupart des pays de l'Europe, en France notamment, à dater du douzième siècle, chaque *art* ou *métier* s'organisait en confrérie religieuse, dès qu'il s'était constitué en corporation industrielle ou marchande. Nées de la dévotion locale et de l'émancipation politique, ces confréries furent parfois, à l'origine, des associations dramatiques, favorisées par le clergé et les magistratures urbaines. Toutes les classes de la population étaient conviées, d'ailleurs, à prendre des rôles dans les représentations publiques des immenses drames sacrés, où l'on voyait figurer quelquefois jusqu'à *six cents* personnages. L'Église, si sévère d'abord pour le théâtre profane, qu'elle avait condamné, se relâchait de ses rigueurs à cet égard, et encourageait ceux qui prenaient part, comme acteurs ou auditeurs, à ces spectacles, qui faisaient revivre en quelque sorte tous les triomphes de la religion. « De leur côté, » dit M. Louandre, « les villes qui faisaient copier à leurs frais les textes des *mystères* et qui les gardaient enfermés sous trois clefs, à côté de leurs titres les plus précieux, dans les archives municipales, les villes encourageaient par des présents le zèle et la bonne volonté des confrères; elles leur donnaient de quoi subvenir aux dépenses qu'exigeaient les costumes; elles leur accordaient une certaine somme *pour aller boire et se réjouir ensemble* après la représentation, et même pour aller se laver aux étuves, c'est-à-dire aux bains publics, quand ils s'étaient noircis dans les rôles de diables. »

Aussi longtemps que les *mystères* gardèrent leur caractère liturgique, ceux qui y figuraient comme acteurs n'exerçaient pas là

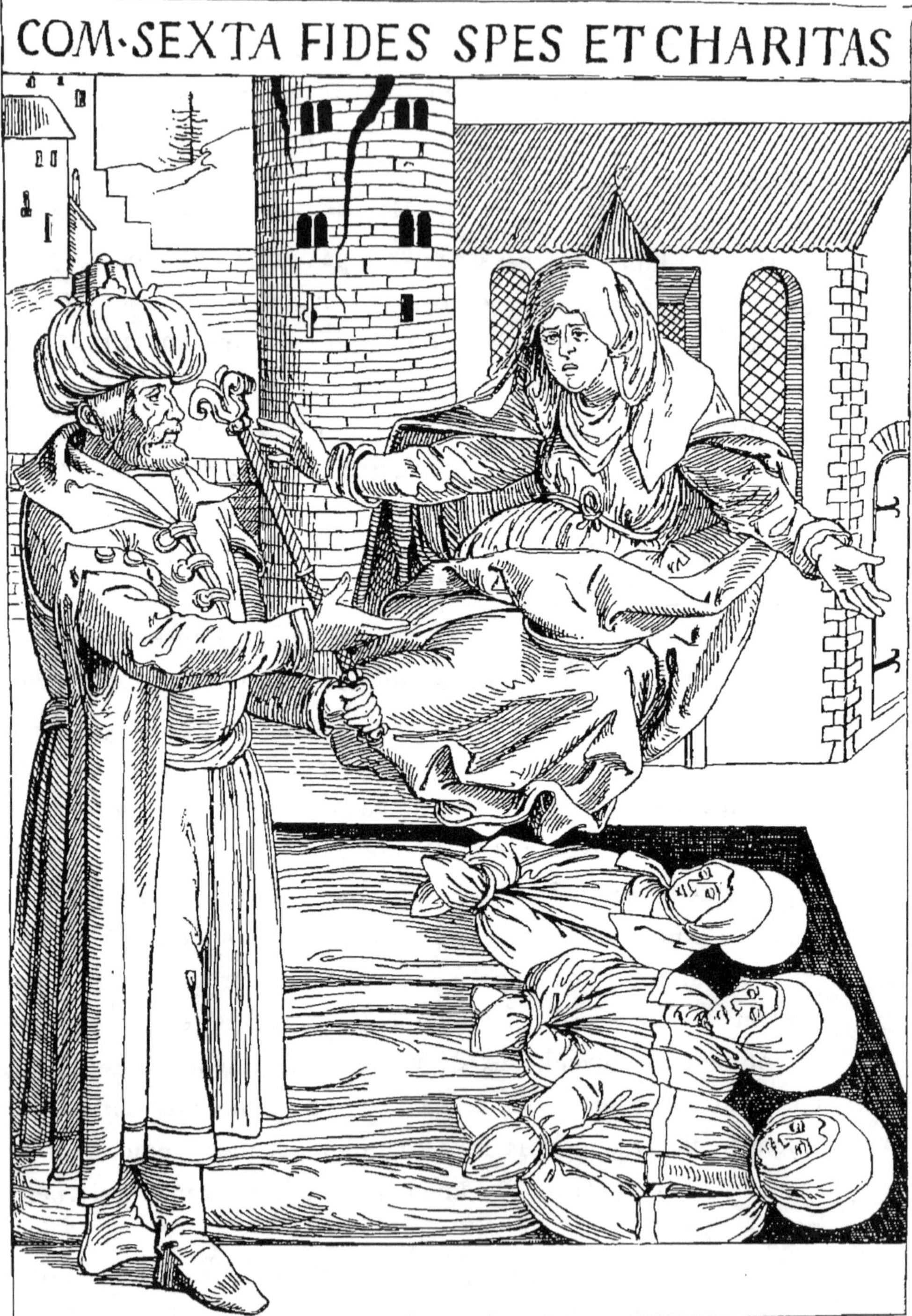


Fig. 8. — Passion des vierges saintes, Foi, Espérance et Charité, que l'empereur Adrien fait périr sous les yeux de Sapience, leur mère. (Tiré des œuvres de Hrosvitha, publiées en 1501 à Nuremberg.)

une profession spéciale, mais plutôt une sorte de fonction religieuse. Ainsi, dès le quatorzième siècle, les défenseurs du dogme de l'Immaculée Conception, lequel n'était pas encore proclamé par l'Église, formèrent des confréries dramatiques, dans le but de propager leur opinion, en jouant des *Miracles de Notre-Dame,* composés en l'honneur de la Vierge Marie conçue sans péché (fig. 9). Parmi ces confrères, qui portaient tous l'habit ecclésiastique comme symbole de leur origine cléricale, il y en avait qui s'intitulaient *Confrères de la Passion.* Ils établirent bientôt un théâtre permanent, au village de Saint-Maur des Fossés, près de Paris, en 1398. Ce théâtre fut presque aussitôt fermé, par ordre du prévôt de Paris, sans doute à la requête des curés de la capitale, qui se plaignaient de ce que leurs paroissiens désertaient les offices pour aller voir le *jeu* des confrères. Quatre ans plus tard, le roi Charles VI en fut si satisfait qu'il leur accorda des lettres patentes, en date du 4 décembre 1402, et ils ne furent plus inquiétés dans l'exercice de leur vocation. Après avoir obtenu la permission de continuer leurs jeux et de se montrer, même en costume de théâtre, dans les rues de Paris, ils louèrent aux religieux de l'hôpital de la Trinité (rue Saint-Denis, vis-à-vis de la rue Greneta), une grande salle basse, où ils ouvrirent le premier théâtre fixe et couvert, qui ait été fondé à Paris; les représentations avaient lieu, tous les dimanches et fêtes, de midi à cinq heures du soir, et le prix des places était fixé à deux sols. Ajoutons que les femmes étaient sévèrement exclues du personnel dramatique; que leurs rôles, quels qu'ils fussent, étaient joués par des hommes, comme on le voit, par exemple, en 1434, dans le *Mystère de sainte Catherine,* où un notaire, Jean Didier, figura l'héroïne.

Longtemps après cette époque, les mystères continuèrent à être représentés, en province, dans les lieux consacrés au culte et dans les cimetières. Les statuts synodaux d'Orléans constatent même la représentation de *jeux* scéniques dans la cathédrale, probablement devant le portail et sur le parvis, aux dates de 1525 et de 1587. Il en fut de même, par toute l'Europe, jusqu'au milieu du seizième siècle. Sous le pontificat d'Innocent VIII, vers 1490, Laurent de Médicis, à l'occasion du mariage d'une de

Fig. 9. — L'Ermite oblige Robert le Diable à se faire connaître Miniature des *Miracles de Notre-Dame,* ms. du xive siècle. Bibl. nat.

ses filles avec un neveu du pape, avait composé lui même en vers italiens un *Mystère de saint Jean et de saint Paul,* qu'il fit représenter, avec une grande magnificence, par des membres de sa famille, dans l'intérieur d'unc église de Florence.

Le peuple du moyen âge, par cela même que son existence était plus rude et plus monotone que celle du peuple moderne, saisissait avec un vif empressement toutes les occasions de se distraire, et l'on peut dire que les représentations de mystères étaient au nombre de ses plus chers amusements. L'entrée du roi ou de la reine dans une ville, la naissance d'un prince ou d'une princesse, les fêtes de cour, aussi bien que les solennités ecclésiastiques et les fêtes patronales, donnaient lieu à ces spectacles populaires.

Les représentations, qu'on avait préparées à grands frais et longtemps d'avance, s'annonçaient, *à cri public,* comme les ordonnances royales et municipales, dans les carrefours de la ville. Les spectateurs, qui n'avaient pas de place à payer pour assister au *jeu,* ne se plaçaient point au hasard, mais chacun suivant son rang et sa condition : les nobles ou dignitaires occupaient des échafauds plus ou moins commodes, sur lesquels, vu la longue durée des représentations, ils se faisaient quelquefois servir leurs repas, comme les anciens Romains sur les gradins de l'amphithéâtre ou du cirque. Les simples bourgeois, le menu peuple, se pressaient, assis ou debout, sur la terre nue ou sur le pavé, les hommes à droite, les femmes à gauche, exactement comme à l'église. Le clergé, pour laisser aux paroissiens la faculté de ne rien perdre du spectacle, avançait ou retardait l'heure des offices. Enfin, l'empressement de la foule était si général, que les maisons devenaient presque désertes, et que des gardiens en armes parcouraient seuls les rues pour veiller à la sûreté publique.

Il n'y avait pas encore de théâtres permanents dans les villes, mais les proportions des théâtres temporaires, qu'on y dressait de temps à autre, étaient réglées d'après le nombre des acteurs qui devaient figurer sur la scène. Dans les treizième et quatorzième siècles, quand on n'avait à représenter que des drames épisodiques, tels que les *Miracles de Notre-Dame,* ces théâtres étaient beaucoup moins vastes et compliqués qu'à l'époque où parurent les grands poèmes du Vieux Testament, de la Passion et des Actes des Apôtres (fig. 10). Le théâtre, ainsi que les échafauds, destinés à ces représentations publiques, qui duraient souvent plusieurs jours, devaient avoir des dimensions énormes et exigeaient des dépenses considérables.

« Les *Miracles de Notre-Dame,* » dit Charles Magnin, qui a

Fig. 10. — Représentation théâtrale au XIVe s. (Ms. de la Bibl. nat.)

étudié le premier l'archéologie théâtrale, « n'exigeaient guère que deux étages ou *étals* superposés. Le plus élevé représentait le paradis, où siégeaient sur un trône Dieu et la Vierge, entourés de leur cour céleste; l'étage au-dessous était réservé aux scènes humaines et divisé, par des cloisons ou des tapisseries, en autant de cases ou de salles qu'il y avait, dans le drame, de lieux divers à montrer. La travée supérieure (le ciel) communiquait avec l'inférieure (la terre), au moyen de deux escaliers en spirale, placés des deux côtés de la scène. C'était par ce chemin, en quelque sorte aérien, que descendaient et remontaient processionnellement Dieu, la Vierge et les Anges, quand ils se manifestaient aux habitants de la terre. » Le pied du théâtre, ou, comme nous dirions aujourd'hui, le *parterre,* reposait sur le gazon d'une prairie ou d'un cimetière, à moins que la ville ne possédât les restes d'un théâtre antique, qu'on appropriait le mieux possible aux besoins de la circonstance.

Vers le milieu du quinzième siècle, les théâtres permanents ou provisoires s'agrandirent en raison même des proportions toujours croissantes des sujets dramatiques. Aux deux étages primitivement superposés, lesquels formaient d'abord toute la scène, on fit succéder une foule de compartiments, destinés à figurer en perspective, sur différents plans et à différentes hauteurs, le Ciel, l'Enfer, le Monde, Jérusalem, l'Égypte, Rome, la maison de saint Joseph, etc. Dans un mystère joué en 1437 à Metz, l'entrée de l'enfer fut représentée par la gueule béante d'un dragon, qui avait de gros yeux d'acier. Les acteurs se transportaient, à tour de rôle, dans un de ces compartiments désignés par des *écriteaux* ou inscriptions, chaque fois que le lieu de la scène changeait dans la pièce; puis, après avoir *fait leur jeu,* ils allaient se rasseoir sur les gradins du théâtre.

Autant qu'on en peut juger d'après de rares documents relatifs à ce sujet, les décorations étaient de deux sortes : les unes peintes comme elles le sont aujourd'hui, les autres construites en charpente et même en pierre, offrant de véritables plans en relief. D'ailleurs, comme les spectateurs auraient eu souvent beaucoup de peine à se reconnaître et à suivre le fil de l'action, au milieu du chaos des personnages et de cette quantité de lieux di-

Fig. 11. — Joseph d'Arimathie, accompagné de Nicodème, vient demander à Pilate le corps de Jésus pour l'ensevelir. Miniature d'un mystère du XIV$^{e}$ siècle.

vers que les *joueurs* avaient à parcourir sur le théâtre, l'auteur prenait soin de donner, dans un Prologue explicatif, certaines indications précises qui suppléaient aux obscurités de la mise en scène. « Nous allons, » disait-il dans *la Résurrection du Sauveur,* « nous allons réciter la sainte Résurrection. D'abord, disposons tout en conséquence. Ici le Crucifix et là le Tombeau... L'Enfer sera de ce côté; la maison, de l'autre; puis, le Ciel... Là-bas se tiendra Pilate avec ses chevaliers; et, en face, Caïphe et avec lui la nation juive; puis, Joseph d'Arimathie... (fig. 11). Au quatrième lieu, on verra Nicodème... On aura également soin de représenter la ville d'Emmaüs, où Jésus-Christ reçut l'hospitalité. »

Outre ces Prologues adressés au public, par l'auteur ou le *meneur du jeu*, on rencontre, dans quelques mystères, de courts sermons en prose, prononcés par des prêtres, qui venaient en chape sur la scène, pour exciter la piété des acteurs et spectateurs. Quelquefois même, avant la représentation, on chantait une grand'messe, et toute l'assistance se préparait ainsi à entendre une pièce de théâtre, qui allait offrir un épisode de la vie de Notre-Seigneur (fig. 12), sinon le martyre d'un saint ou d'une sainte. Quand ces drames religieux se jouaient encore dans les églises, ils se terminaient, le matin, par un *Te Deum* et, le soir, par un *Magnificat,* qu'entonnait le principal acteur, en arrivant au bout de son rôle. Ordinairement, on ne commençait pas le *jeu,* sans que tous les acteurs qui devaient y paraître eussent fait, à cheval, à pied ou en voiture, ce qu'on appelait la *montre,* afin d'exhiber dans les rues non seulement les personnages en costume, mais encore les *engins* ou machines de la pièce (fig. 13). C'est ainsi qu'à Bourges en 1536, les cinq cents acteurs, bourgeois, chanoines, officiers de justice, qui parurent dans *les Actes des*

Fig. 12. — Scènes de la naissance et de l'enfance de Jésus, telles qu'elles sont représentées dans le *Mystère de la Conception* de Jehan Michel.
Grand bahut du XVIe siècle.

*Apôtres*, s'acheminèrent en longue file, de l'abbaye de Saint-Sulpice où ils s'étaient habillés, jusqu'aux arènes, où la scène avait été dressée.

La pièce une fois commencée, les *joueurs*, qui ne se trouvaient pas encore en scène ou qui en sortaient, étaient toujours obligés de rester en vue du spectateur et de se tenir assis et immobiles sur les gradins disposés, à cet effet, de chaque côté du théâtre ; car on n'avait pas encore inventé les coulisses, pour aider à l'illusion, en cachant la sortie et en favorisant l'entrée des personnages. L'unité de temps et de lieu était absolument méconnue dans l'action. S'agissait-il de représenter l'histoire de Notre-Dame, c'était d'abord une enfant de quatre à cinq ans qui remplissait le rôle de Marie, au début de la pièce ; puis, à cette enfant succédait une autre Marie, de quinze à seize ans, laquelle faisait place, quand il le fallait, à une troisième Marie plus âgée, qui représentait l'épouse de saint Joseph et la mère de Jésus. Il résultait, de ce triple changement de personnages, que l'on voyait souvent à la fois sur les gradins trois incarnations d'une seule et même personne, de taille et d'âge différents.

Quant à l'exactitude des costumes, elle était loin d'être rigoureuse.

Les maîtres du jeu et les *acteurs* ou poètes dramatiques, qui, en ces temps de candide ignorance, mettaient en scène les funérailles païennes de Jules César avec des enfants de chœur portant la croix et l'eau bénite, ne s'inquiétaient guère de la vérité historique. Mais, à part ces erreurs et ces incohérences grossières, on peut assurer que le théâtre du quinzième siècle ne le cédait peut-être pas, en fait de splendeur et de magnificence, au théâtre moderne. Il y avait des costumes bizarres attribués traditionnellement à certains rôles. Ainsi les diables étaient toujours noirs, les anges blancs, bleus et rouges, et, comme on ne connaissait pas d'habit

Fig. 13. Apprêts pour la représentation d'un mystère, d'après un tableau de Van Bons, XVIe siècle.

plus remarquable que celui de prêtre, on faisait porter à Dieu le

Père la chape et l'étole, avec la mitre d'évêque ou la tiare de pape. Les acteurs qui avaient à représenter des personnages morts s'habillaient *en guise d'âmes*, c'est-à-dire qu'ils se couvraient d'un voile, qui devait être blanc pour les élus, noir ou rouge pour les réprouvés. Dans le *Mystère du Vieil Testament*, où l'on voulait figurer le *sang d'Abel* répandu sur la terre par Caïn, l'acteur qui avait à représenter ce *sang* s'était enveloppé d'un grand drap rouge et se roulait aux pieds du meurtrier, en criant : « Vengeance! »

Les mystères, dont quelques-uns ne contenaient pas moins de 70 à 80,000 vers, auraient demandé plusieurs semaines consécutives pour être joués tout entiers; mais il fallait bien laisser reposer les *joueurs* et le public. On mettait donc, entre les représentations partielles du mystère, un intervalle de plusieurs jours, et la foule revenait chaque fois avec le même empressement, avec la même curiosité. « Pouvait-il en être autrement? » ajoute M. Charles Louandre. « Elle voyait là, vivant et animé, le monde du passé et de l'avenir, le paradis des premiers âges où elle retrouvait ses premiers parents et le paradis où elle devait un jour trouver son Dieu; elle regardait avec les yeux de la foi, et cette puissance du drame sacré n'était pas un triomphe de l'art, mais un miracle de la croyance. L'art, en effet, ne brillait que par éclairs dans ces compositions à la fois barbares et naïves, où se reflétaient et le monde réel et le monde fantastique, l'histoire sainte et les légendes profanes. Le génie dramatique dans les mystères semble y rester complètement immobile; le cadre des compositions s'agrandit sans cesse, mais la conception et la mise en œuvre restent toujours les mêmes. » Tandis qu'on y reproduit les circonstances les plus vulgaires de la vie avec une fidélité scrupuleuse, les plus simples notions de l'histoire, de la géographie y sont méconnues. Virgile est associé aux prophètes bibliques; Hérode est païen et a pour confident un mahométan; Marthe et Madeleine vivent dans leur château, en dames de haut parage, etc.

Les *miracles,* qui renferment comme les *mystères,* tant de passages touchants et gracieux, sont remplis de détails d'un étrange

Fig. 14. — De la femme de Laon délivrée du feu.

Fig. 15. — Apparition de Notre-Dame.

D'après un ms. du XIIIe siècle intitulé *les Miracles de la sainte Vierge.* (Bibl. du séminaire de Soissons.)

réalisme et que l'historien ne devra jamais négliger (fig. 14 à 17). Cette naïveté, cet entassement confus d'idées disparates, n'excluaient pas cependant la malice qu'on retrouve partout dans les poésies françaises du quinzième siècle. C'est donc à tort qu'on a dit que les *miracles* n'offraient ni satires de mœurs ni allusions aux événements contemporains. De nombreux exemples viendraient contredire cette assertion. Ainsi, dans les *miracles* composés et joués sous Charles VI, la reine Isabeau de Bavière et son beau-frère le duc d'Orléans sont vigoureusement attaqués par des allusions transparentes; la cour est toujours très maltraitée : les gens de guerre sont maudits et on n'épargne guère les membres du clergé.

Dans maint endroit de ces pièces populaires, la noble inspiration du poète éclate sur le grossier tissu d'une langue encore bien imparfaite. Il suffira de citer, comme un modèle d'énergie sombre et terrible, ce dialogue du traître Judas et du Démon.

LE DÉMON.

Meschant, que veulx-tu qu'on te fasse?
A quel port veulx-tu aborder?

JUDAS.

Je ne sais. Je n'ai œil en face
Qui ose les Cieulx regarder.

LE DÉMON.

Si de mon nom veulx demander,
Briefvement en auras demonstrance.

JUDAS.

D'où viens-tu?

LE DÉMON.

Du parfond d'enfer.

JUDAS.

Quel est ton nom?

LE DÉMON.

Désespérance.

JUDAS.

Terribilité de vengeance!
Horribilité de dangier!
Approche et me donne allégeance,
*Se* (si) mort peut mon deuil allégier.

LE DÉMON.

Oui, très bien...

On n'aura qu'à mettre en regard un petit modèle de grâce et de naïveté, nous voulons parler de la scène des Pasteurs dans le grand *Mystère de la Passion,* par Arnould Gresban, mystère bien supérieur à celui que Jehan Michel composa sur le même sujet et sous le même titre, et qui est pourtant beaucoup moins connu et moins estimé.

UN BERGER.

Est-il liesse plus *serie* (sereine)
Que de regarder ces beaux champs
Et ces doulx aignelets paissans,
Saultans à la belle praerie?

SECOND BERGER.

On parle de grant seignourie,
D'avoir donjons, palais puissans.
Est-il liesse plus serie
Que de regarder ces beaux champs,
Et ces doulx aignelets paissans,
Saultans à la belle praerie?

TROISIÈME BERGER.

En gardant leurs brebiettes,
Pasteurs ont bon temps :
Ils jouent de leurs musettes,
*Liez* (joyeux) et esbatans;

Là dient leurs chansonnettes,
Là sont doulces bergerettes
Qui vont bien chantans,
Et belles fleurettes...
Pasteurs ont bon temps!

Rien de plus touchant que la scène du *Mystère de saint Louis,* où Enguerrand de Coucy, le farouche chasseur, surprenant trois jeunes garçons qui ont osé tirer quelques coups de flèche sur les lapins de ses domaines, les livre sans pitié au bourreau. Celui-ci, aidé de son valet, les suspend aussitôt au bois fatal, non sans laisser paraître un attendrissement qui fait contraste avec la rudesse de sa profession.

DEUXIÈME ENFANT.

(*Après que le premier a été pendu.*)

. . . . . Hélas! que diront
Nos nobles parens, quand sauront
Nostre mort très dure et amère?

TROISIÈME ENFANT.

Je plains mon père.

DEUXIÈME ENFANT.

Et moi, ma mère.

ENGUERRAND, *au bourreau.*

*Meshui* (à présent) depesche-le, paillart!
(*Le bourreau le jette,* c'est-à-dire le pend.)

LE BOURREAU.

Le voilà depesché soudain.
L'autre?

LE VALET.

Je le tiens par la main
Tout ainsi comme une épousée.
Il est tendre comme rosée,
Le jeune enfant.

LE BOURREAU, *à son valet.*

Tay-toi! tay-toi!

*A l'enfant :*

Mon amy, montez après moi,
Et pensez à Dieu!

Ainsi tous les genres se présentent et se confondent dans le grand drame du moyen âge, qui est à la fois mystique et grotesque, sombre et joyeux, trivial et solennel. Hommes, anges, rois de la terre et roi du ciel y passent tour à tour, comme dans une évocation fantastique, et pendant plusieurs siècles, toutes les compositions théâtrales qui se produisent à côté du drame sacré n'en sont, en quelque sorte, que des chapitres détachés, des *branches,* pour employer le terme alors usité.

La tragédie n'existe pas au moyen âge. C'est à tort qu'on a dit que les troubadours ou poètes provençaux, Arnauld Daniel, Anselme Faidit et Béranger de Parasol furent les premiers *facteurs* de tragédies aux douzième et treizième siècles. Ce genre dramatique n'a commencé réellement à prendre une forme régulière qu'au milieu du seizième, grâce à Baïf et à Thomas Sibilet, qui donnèrent alors quelques imitations des tragédies du théâtre grec, mais grâce surtout à Jodelle, qui fit représenter, en 1552, la *Cléopâtre,* qu'on doit considérer comme la première tragédie en vers français.

Quant à la comédie, elle avait depuis longtemps une véritable vie en France. On peut dire que la veine comique est essentiellement gauloise, et, plus on approche de la renaissance, plus cette veine coule à pleins bords sur notre théâtre, qui est resté sans rival dans les deux genres tragique et comique.

Au treizième siècle, le trouvère Adam de la Halle donnait deux ouvrages très remarquables, et dans un genre très différent

Fig. 16. — Du noyé en la mer, délivré par Notre-Dame.

Fig. 17. — Du larron que Notre-Dame soutint par trois jours.

(Miniatures des *Miracles de Nostre-Dame*, ms. de Soissons.)

de ce qui parut plus tard. Né vers 1230 à Arras, il fut désigné sous le sobriquet d'Adam le Bossu, malgré ses protestations :

> On m'appelle bochu, mais je ne le sui mie.

Nous savons peu de chose sur sa vie. Il se destinait à l'Église quand, vivement charmé de la beauté d'une jeune fille, il l'épousa et eut plusieurs enfants. Vers le milieu de sa carrière, il passa en Italie à la suite du comte Robert d'Artois, et alla mourir à

Naples aux environs de 1288. Sa première œuvre, le *Jeu d'Adam* ou *de la Feuillée,* est bien moins une pièce qu'une série de satires scéniques; les nombreux personnages viennent à tour de rôle deviser, railler leurs voisins, rire et boire sous la feuillée. La seconde œuvre d'Adam de la Halle, moins originale, mais plus achevée, n'a nul rapport avec la précédente : c'est une espèce de pastorale intitulée *Robin et Marion,* et le plus ancien de nos opéras-comiques.

Mais les formes dans lesquelles s'est développé le théâtre comique au moyen âge datent seulement du quinzième siècle : ce sont les *moralités,* les *farces* et les *soties*. Ces deux dernières se distinguent, en général par un grand fonds de malice et de gaîté; on peut leur reprocher aujourd'hui des scènes grossières, des expressions triviales et malhonnêtes, mais il faut faire la part du temps où ces crudités de langage n'effarouchaient personne et trouvaient grâce devant la cour la plus polie de l'Europe.

De même qu'on appelait *farce* en cuisine un mélange de viandes hachées, on applique le mot de *farce* à une courte et vive satire dialoguée, formée de divers éléments et souvent mêlée de patois. A la longue, le mot n'éveilla plus que l'idée d'une joyeuse comédie. L'influence des fabliaux sur ces petites pièces n'est pas douteuse, d'autant plus que l'esprit de l'un et l'autre genre est sensiblement le même. « Quoique nous possédions beaucoup de farces (cent cinquante environ), » dit le savant auteur de *la Comédie au moyen âge,* « peut-être n'avons-nous pas la centième partie des pièces de ce genre. Ce qui a survécu n'est rien au prix de ce qui a certainement existé, mais a péri sans laisser aucun souvenir. Dans chaque ville et dans beaucoup de bourgs, jusqu'au seuil du dix-septième siècle, il y a eu une, ou deux, ou trois, et quelquefois cinq ou six compagnies joyeuses, qui n'étaient occupées à certains jours de l'année qu'à jouer des pièces, surtout des farces; le répertoire dramatique n'était pas, comme aujourd'hui, tiré directement de Paris; chaque pays s'amusait lui-même avec l'esprit de son cru. »

D'ordinaire, les farces peignaient les détails de la vie privée, détails tournés au grotesque, tantôt sans allusions personnelles, tantôt

Fig. 18. — Pathelin prenant la pièce de drap qu'il enlève au drapier. Fac-similé des gravures sur bois de la *Farce de Pathelin*; Paris, Germain Beneaut, 1490, in-4°.

avec une intention très marquée de dénigrement contre des personnages ridicules. Les sociétés locales, comme celle des Cornards de Rouen, affectaient malignement ce dernier caractère, et s'il y avait des gens qui se fâchaient, on mettait les rieurs de son côté en disant par exemple :

Nous ne pensons avoir dict chose
Où aulcuns puissent faire glose.
Si l'on s'en sent piqué au poinct,
Messieurs, on ne l'entendra poinct.

Dans un temps où l'on ne connaissait ni tribune politique ni

Fig. 19. — Pathelin plaidant pour le berger, devant le juge. Fac-similé des gravures sur bois de la *Farce de Pathelin*; Paris, Germain Beneaut, 1490, in-4°.

clubs, ni journaux, suivant la judicieuse remarque de M. Petit de Julleville, « la France trouva sur la scène comique un lieu favorable à l'expression de ses vœux, de ses griefs, de ses doléances, et se servit de la comédie pour louer quelquefois, plus souvent pour railler ou maudire les gouvernants, et dire librement sur les choses d'État le mot de l'opinion publique. » Un autre mérite de la comédie populaire fut d'avoir conservé à la langue ses tours vifs et sains, ses figures originales, une façon exempte de la pédanterie et du galimatias qui infectaient tant de poèmes contemporains.

Un des monuments les plus remarquables de l'ancien génie comique, dont l'auteur est resté inconnu, mais qui existait déjà en 1470, est la farce de *Maître Pathelin.* Par l'étendue du développement, par la profondeur des caractères, par la force de l'observation et par l'excellence du style, cette œuvre « dépasse tellement le reste de notre théâtre comique qu'elle l'a, pour ainsi dire, éclipsé ». Un avocat sans causes, Pierre Pathelin, s'entretient avec dame Guillemette, sa femme, de leur commune misère et des moyens d'y remédier. Il leurre avec de belles paroles son voisin Guillaume, le drapier, et se fait donner six aunes de drap, qu'on lui vend bien au-dessus de son prix, mais qu'il se promet de ne point payer (fig. 18). Le marchand a un berger, Agnelet, qui a recours à l'avocat pour le défendre en justice contre son maître. Sur les conseils de Pathelin, il gagne son procès en faisant l'imbécile devant le juge et frustre l'avocat de ses honoraires en lui répondant aussi par le cri de ses moutons. Une foule d'expressions de cette farce sont devenues proverbiales, et le principal personnage est resté comme un type de fourberie impudente et flatteuse (fig. 19).

Les *moralités* tiennent le milieu entre les *farces,* dont elles empruntent l'allure satirique, et les *mystères,* dont elles imitent, dans une certaine mesure, la tendance morale et religieuse. Ici, ce ne sont plus les grandes traditions mystiques qu'on approprie à la scène; c'est une peinture, parfois une critique de l'Église dans ce qu'elle a d'humain et de temporel : chanoines, évêques, cardinaux et papes n'y sont pas respectés, et l'*acteur* (c'est-à-dire l'auteur) y relève sans ménagement les vices et les travers qu'il leur attribue.

Fig. 20. — L'acteur écoutant sa pensée personnifiée, miniature tirée du *Chevalier délibéré*, d'Olivier de la Marche, ms. du XVIe siècle.

C'est aussi aux rois et aux grands de la terre que la *moralité*, qui prend souvent un caractère politique, demandera compte des écarts de leur conduite publique ou privée; c'est enfin quelque fait tiré des livres saints ou né de l'imagination du poète, qui fournira le sujet d'une espèce de *moralité*, qu'on pourrait qualifier de légendaire. Par exemple, l'*Histoire de l'Enfant prodigue*, le *Laz d'amour divin*, l'*Histoire de sainte Suzanne, exemplaire de toutes femmes sages et de tous bons juges*, sont des *moralités* où le mysticisme religieux s'allie aux enseignements de la sagesse pratique, et dont les types allégoriques, *Envie, Raison, Bon renom*, etc., interviennent dans l'action, comme le chœur de la tragédie grecque, pour contrôler, juger et apprécier la situation respective des personnages du drame, dans lequel l'*acteur* introduit alors une sorte de dialogue moral, analogue au *Chevalier délibéré*, d'Olivier de la Marche (fig. 20).

Jamais les *soties, farces, moralités* n'offraient, dans leur mise en scène, la splendeur des *mystères;* sauf quelques exceptions, le nombre des personnages qu'on y voyait paraître a toujours été très restreint. Au surplus, on peut établir entre ces deux genres de spectacle une distinction capitale : c'est que les *mystères* étaient représentés, pour ainsi dire, par tout le monde et pour tout le monde, sous le patronage de l'Église, tandis que les *farces*, les *soties* et les *moralités* étaient jouées pour un public spécial, par des sociétés particulières, par des individus étrangers à l'état ecclésiastique et sans doute par de véritables comédiens.

Les *jongleurs* et *diseurs*, qui étaient souvent eux-mêmes les auteurs des poésies satiriques et divertissantes qu'ils allaient réciter, de place en place, aux sons de la viole, pourraient être regardés comme les premiers acteurs des pièces profanes : « Les jongleurs sont les histrions, » dit un vieux glossaire. Non seulement ils s'arrêtaient à la cour des seigneurs et dans les châteaux, pour *dire* les chansons de geste ou poèmes chevaleresques, mais encore ils exécutaient des *jeux par personnages*, qui n'étaient autres

Fig. 21. — Montre des clercs du Châtelet sur la place de Grève (hôtel de ville), d'après une ancienne image populaire, conservée à l'hôtel Carnavalet.

que des pièces dialoguées et des romans scéniques, tels que le fabliau d'*Aucassin et Nicolette*.

A la suite des jongleurs, on voit se former, à une époque moins reculée, diverses associations littéraires et dramatiques, les unes stationnaires à Paris ou dans quelque grande ville; les autres courant la province, qui ne nous sont connues que par leurs noms de théâtre : les *Enfants sans souci*, les *Basochiens*, les *Enfants de la Mère Sotte*, la *Mère Folle de Dijon*, etc. On a affirmé, sans preuves suffisantes, que les *chambres de rhétorique*, qui donnaient aussi des représentations de pièces comiques, existaient déjà, dès le treizième siècle, en Belgique et en Flandre. Quoi qu'il en soit de cette date, Anvers avait deux Rhétoriques, Gand en avait quatre, et le goût du théâtre fut poussé si loin par les Flamands et les Belges, que leurs compagnies communales d'arbalétriers, qui se délassaient de leurs exercices militaires par des jeux dramatiques, finirent par se constituer en véritables troupes de comédiens.

Les fêtes de Noël et des Rois, les jours gras et quelques solennités locales, ramenaient, tous les ans, à Paris et dans les grandes villes de France, des représentations grotesques, souvent scandaleuses, données par la Basoche, qui se composait de tous les clercs du palais (fig. 21).

« Dans leurs jeux dramatiques, » fait remarquer M. Petit de Julleville, « les Basochiens attaquaient un peu tout le monde; mais, sans doute, ils devaient railler de préférence les ridicules et travers des gens de leur ordre : juges ou avocats, huissiers et procureurs. » Et peut-être fût-ce dans la société de ces joyeux compagnons que dut naître cette farce de *Pathelin*, tout imprégnée de l'esprit du palais. Plus d'une fois, ils eurent maille à partir avec le parlement, qui finit par censurer les pièces de leur répertoire et leur défendre de jouer sans une permission spéciale. Les dernières années du seizième siècle virent la fin de la comédie basochienne.

Ce qu'on raconte sur les origines des *Enfants sans souci* ne repose sur rien d'authentique. Suivant la tradition, en effet, il se serait formé, dans Paris, au temps de Charles VI, une société de joyeux garçons, appartenant, pour la plupart, à de bonnes familles bourgeoises; outre le nom qu'ils s'étaient donné comme signe de leur bonne humeur, ils se qualifiaient aussi de *sots;* leur chef était le *Prince des sots*, et la première dignité, après la sienne, était celle de *Mère Sotte.* Suivant M. Petit de Julleville, qui nous sert de guide en ces matières, il faut entendre par

Fig. 22. — Marque de Pierre le Dru, imprimeur des poésies de Gringoire, *à l'enseigne de Mère Sotte*, « près du Bout du pont Nostre-Dame », à Paris, 1505.

*sots*, dans le théâtre du moyen âge, les anciens célébrants de la fête des Fous, que l'Église avait enfin expulsés de ses sanctuaires. Réduits à parader sur la place publique, ces pauvres hères, que stimulaient d'ailleurs le succès des Basochiens, se mirent à exploiter le genre profane, c'est-à-dire les farces et les soties. Leur entreprise réussit, puisqu'on les voit, à la fin du quinzième siècle, former une corporation reconnue et apte à posséder, et jouir de certains privilèges, comme de faire à Paris, tous les ans, une entrée solennelle.

Quelques auteurs ont illustré cette compagnie, Clément Marot, qui en fit partie dans sa prime jeunesse, et, avant lui, Pierre Gringoire. La réputation littéraire de ce dernier était bien établie, lorsqu'il obtint, parmi les Enfants sans souci, le titre de *Mère Sotte,* et il en devint si fier qu'il s'en servit pour signer plusieurs de ses ouvrages. Mais, au lieu de se borner à composer des facéties, il fut à Paris un véritable entrepreneur de fêtes officielles.

Fig. 23. — Le pape et l'empereur. Fig. 24. — Le cardinal et le roi.

*La Danse macabre* (1485), d'après les gravures de *Paris à travers les âges.*

Le théâtre de Gringoire jouissait d'une grande vogue sous Louis XII; il s'était établi aux halles de Paris; ses représentations avaient lieu d'ordinaire pendant le carnaval, et les pièces de ce répertoire, quoique assaisonnées de traits vifs et mordants contre le haut clergé et la cour de Rome, étaient la plupart assez sévères au point de vue moral, puisque l'auteur avait pris pour devise : *Raison partout, rien que raison* (fig. 22). L'avènement de François Ier, qui restreignit les libertés du théâtre, décida probablement Gringoire à quitter les Enfants sans souci et à se retirer en Lorraine, où il devint héraut d'armes du duc Antoine.

Le peuple était passionné pour tous les genres de spectacle, au moyen âge, et il se portait en foule aux *montres*, aux cavalcades, aux *pompes* et aux processions qui accompagnaient les cours plénières, les tournois et les fêtes de la féodalité. Il ne faut donc pas oublier, dans l'histoire du théâtre, les *jeux muets par personnages*, les *allégories*, les *pantomimes*, qui se présentaient principalement aux entrées des rois et des princes dans les villes et aux réjouissances publiques destinées à célébrer quelque grand événement politique ou local. Mentionnons aussi la *Danse des morts*, connue sous le nom de *Danse macabre*, que le quinzième siècle avait mise au nombre des spectacles qui produisaient le plus

Fig. 25. — Enlèvement d'Hélène. Fac-similé d'une gravure sur bois de l'*Histoire de la destruction de Troie la grant, mise par personnages*, par maistre Jacques Millet; Paris, Jehan Driat, 1498.

d'impression sur le populaire (fig. 23 et 24). Il est à peu près certain que, dans l'origine, cette *Danse macabre* était une sorte de pantomime mêlée de chant et de musique, et nous voyons, en 1424, les Anglais, alors maîtres de Paris, la faire jouer publiquement dans le cimetière des Innocents, pour célébrer leur victoire de Verneuil.

Une autre pantomime, d'un genre moins lugubre, avait été offerte, en 1313, au peuple de Paris, par ordre du roi Philippe le Bel, en l'honneur de la réception de ses deux fils dans l'ordre de chevalerie. Là, dit Godefroy de Paris, auteur contemporain d'une Chronique en rimes,

> Là vit-on Dieu, sa Mère rire,
> Nostre Seigneur manger des pommes,
> Et les Anges en paradis,
> Et les Ames dedans chanter...
> Enfer y fut noir et puant,
> Diables y ot plus de cent...

En 1437, à l'entrée de Charles VII à Paris, on représenta le *Combat des sept Péchés capitaux contre les trois Vertus théologales et les quatre Vertus cardinales*; les péchés chevauchaient sur diverses bêtes, et le tout était rehaussé par des tableaux du purgatoire et de la pesée des âmes par l'archange Michel. En 1468, on joua, devant Charles le Téméraire, *le Jugement de Pâris*, qui n'était qu'une espèce de tableau vivant. Quelques années plus tard, les confrères de la Passion, représentaient *la Destruction de Troie la Grant*, histoire par personnages, composée par Jacques Millet (fig. 25). Dans les jeux célébrés à Rouen, en 1550, pour l'arrivée du roi Henri II, on vit figurer en même temps la Foi et l'Olympe, Vesta et le Parlement de Normandie,

Fig. 26. — Une représentation théâtrale au XVIe siècle. Frontispice du *Grand Thérence* en français (Paris, 1500, Antoine Verard, in-fol. goth.).

les Muses et la suite des rois de France depuis Pharamond; tous ces souverains jusques et y compris le père du roi présent, vinrent successivement saluer Henri II, qui finit par se joindre à ses prédécesseurs, et par entrer avec eux dans la ville.

Jusqu'au milieu du seizième siècle, les *farces, soties,* et *moralités* continuèrent d'attirer la foule. La tradition scénique se retrouve encore, à cette date, à peu près telle qu'elle avait été dans les deux siècles précédents (fig. 26).

Mais, en 1541, le parlement de Paris défendit aux acteurs qui représentaient le mystère des *Actes des Apôtres,* d'ouvrir leur théâtre les jours de fête et dimanches et même dans le cours de la semaine. Ce fut là l'origine d'un débat litigieux, dans lequel intervinrent le prévôt de Paris et le roi lui-même, et qui se termina, après bien des délais et des difficultés, par une autorisation définitive accordée aux acteurs ou confrères, qui s'étaient établis à l'hôtel de Bourgogne, situé dans la rue Françoise, près de la rue Mauconseil : les anciens privilèges des Confrères de la Passion furent confirmés, par arrêt du parlement en date du 19 novembre 1548, à la condition expresse « de ne jouer à l'avenir que des sujets profanes, licites et honnêtes, et de ne plus entremêler, dans les jeux, rien qui eût rapport aux mystères de la religion ».

Les *miracles* et les *mystères,* exilés de la capitale, se réfugièrent dans la province, où ils se maintinrent en possession de la scène, de loin en loin, et dans quelques villes seulement, durant tout le seizième siècle, en faisant concurrence aux bateleurs et aux vendeurs d'orviétan qui couraient les foires (fig. 27). La proscription avait frappé aussi les *farces* et les *soties.* En 1516, il était défendu aux Basochiens, par arrêt du parlement et par ordonnance du prévôt de Paris, de parler des princes ou prin-

Fig. 27. — Tréteaux d'un bateleur, vendeur de drogues; d'après un dessin colorié d'un ms. du XVe siècle. (Bibl. de la ville de Cambrai.)

cesses de la cour, dans les pièces qu'ils représentaient; en 1536, il leur fut interdit « de faire monstration de spectacles ni escriteaux taxans ou notans quelque personne que ce soit ». Deux ans plus tard, on les obligea de soumettre à la censure du parlement les manuscrits de leurs pièces, avant la représentation, et comme l'audace satirique de ces pièces allait toujours en augmentant, on menaça de la potence les clercs de la Basoche qui ne se soumettraient pas à cette formalité préventive. Les *soties* ne

Fig. 28. — Portrait de Robert Garnier, fac-similé d'une gravure au burin par Léonard Gaultier. XVIe s.

pouvaient subsister, sous la menace de telles rigueurs, et, vers la fin du seizième siècle, elles avaient totalement disparu.

Ces restrictions de la liberté théâtrale, cet établissement de la censure dramatique, ces anathèmes juridiques contre les pièces sacrées, accélèrent l'agonie et la disparition de l'ancien théâtre. Dès ce moment, une ère nouvelle commence pour l'art dramatique, en France et en Europe.

La tragédie classique naît ou plutôt renaît à la cour de Léon X, dans la *Sophonisbe*, de Trissino. En France, les souvenirs de l'antiquité grecque et romaine se réveillent aussi : Sibilet, Guillaume Bouchet et Lazare de Baïf traduisent Sophocle et Euripide; Octavien de Saint-Gelais, Bonaventure des Périers, Charles

Fig. 29. — La Manécanterie, à Lyon (état actuel).

Estienne traduisent Térence en prose et en vers, et Ronsard, à peine arrivé au terme de ses études scolaires, traduit et versifie le *Plutus* d'Aristophane, qu'il joue lui-même avec ses condisciples au collège de Boncourt, où il avait fait ses classes. C'est ici le lieu de remarquer qu'avec ce nouveau genre de pièces dramatiques, on voit paraître de nouveaux acteurs; les écoliers de l'Université, sous la direction de leurs maîtres, montent sur des théâtres improvisés dans les collèges et sont admis quelquefois à jouer devant le roi et la cour.

Bientôt les imitations succèdent aux traditions, en alternant avec elles. La tragédie l'emporta d'abord et longtemps sur la comédie. Les auteurs des premières tragédies classiques, Étienne Jodelle, Jacques de La Taille, Charles Toustain, Jacques Grevin, observent fidèlement les traditions du théâtre grec; ils se conforment aux règles de l'unité de temps et de lieu, entrecoupent le dialogue par des chœurs lyriques, et d'ailleurs se défendent, en quelque sorte, de rien innover : car, depuis Robert Garnier (fig. 28), qui fit jouer sa première pièce en 1573, jusqu'à Rotrou, qui marque définitivement le point de départ de la tragédie moderne, les conceptions des poètes tragiques sont taillées sur le même patron, comme leurs alexandrins sont coulés dans le même moule. C'est la tragédie qui va passionner les Français pendant deux siècles.

Toutefois, ces poètes tragiques, lorsqu'ils s'avisent d'inventer, ne s'enferment pas exclusivement dans le monde grec et romain. L'*Esther et Vasthi* de Pierre Matthieu, le *Saint Jacques* de P. Bardou, rappellent encore les mystères, quant à la nature du sujet emprunté à la Bible et à la légende; mais la composition et la forme de ces pièces ne s'écartent pas des règles de la rhétorique, et la tragédie française, tout en observant ces règles désormais admises, ne se prive pas d'introduire, sur la scène, des sujets et des personnages français, même contemporains, Jeanne d'Arc, Coligny, les Guises et la Ligue, etc.

Les vieux genres comiques, réfugiés à l'hôtel de Bourgogne et cultivés avec plus ou moins de succès par Pierre Leloyer, Remy Belleau, Honoré d'Urfé, Pierre Larivey, etc., deviennent des comédies, des tragi-comédies, des pastorales, des *fables bocagères*, de *plaisants devis*. C'étaient les premiers efforts de la comédie moderne.

Les auteurs de cette époque faisaient la comédie licencieuse, d'après les modèles qu'ils avaient sous les yeux, et ils n'offensaient pas les spectateurs en représentant la grossièreté des mœurs de leur temps. Ces pièces-là étaient, d'ailleurs, moins libres que les comédies italiennes, telles que *les Abusés*, de l'Académie de Sienne, et *les Supposés*, d'Arioste, qu'on avait traduits et qui se donnaient sur plusieurs scènes de France. On avait aussi pris goût au jeu des comédiens italiens depuis que Catherine de Médicis eut fait venir une de leurs troupes à Lyon pour jouer *la Calandra*, œuvre du cardinal Bibbiena. La représentation eut lieu le 26 septembre 1548, en présence de cette princesse et du roi Henri II, son époux. Faute de théâtre, on aménagea à cet effet la grand'salle d'un édifice appelé *Manécanterie* ou école des chantres (fig. 29), qui datait du onzième siècle. Hippolyte d'Este, archevêque de Lyon, dépensa 10,000 écus pour la décoration de la salle et pour les apprêts de ce spectacle, qui s'acheva, dit la relation officielle, « en grandissime attention et plaisance de tous spectateurs ».

## CHAPITRE II.

L'hôtel de Bourgogne. — La tragédie classique. — Les comédiens italiens. — Le théâtre du Marais. — Mœurs des comédiens. — L'Illustre Théâtre. — Le théâtre du Palais-Royal. — Molière. — La Comédie-Française.

L'année 1548, date de l'établissement des confrères de la Passion à l'hôtel de Bourgogne, marque une des modifications les plus importantes du théâtre en France : le mystère est supprimé par acte du parlement.

En quittant l'hôpital de la Trinité (1539), les confrères étaient allés donner leurs représentations à l'hôtel de Flandre; quatre ans plus tard, ils firent bâtir, en 1543, dans les dépendances de l'hôtel de Bourgogne, rue Mauconseil, sur l'emplacement de l'ancienne halle aux cuirs, une salle qui devait être le berceau de la Comédie-Française. Dès que cette salle fut terminée, ils eurent l'idée malencontreuse de solliciter la confirmation de leurs anciens privilèges. Ce fut tout le contraire qui arriva : le 17 novembre 1548, le parlement leur fit défense de jouer à l'avenir « les mystères et la Passion de notre Sauveur, ni autres mystères sacrés, sous peine d'amende arbitraire, leur permettant néanmoins de jouer autres mystères profanes honnêtes et licites, sans offenser ni injurier aucune personne ».

A son insu, le parlement venait de révolutionner le théâtre, en l'obligeant de chercher exclusivement ses sujets sérieux dans le domaine historique, dans l'antiquité classique, qui venait de renaître en France. Cette décision, par un de ces hasards qui étonne, précéda de quatre ans seulement la première tragédie de Jodelle (fig. 30), et si elle n'empêcha point la reprise de quelque ouvrage de l'ancien répertoire, du moins n'écrivait-on plus de nouveau mystère. Ainsi, sous Charles VI, les confrères avaient obtenu confirmation de leurs privilèges à condition de jouer des drames sacrés, et en 1548, sous la condition contraire, au moment où ils venaient de faire sculpter au fronton de leur hôtel les instruments de la Passion.

Fig. 30 — Portrait de Jodelle, fac-similé d'une gravure de Léonard Gaultier. XVIe s.

Il faut remarquer que ces privilèges ne s'exercèrent jamais sans contestation et que, de fait, il y eut toujours à Paris un assez grand nombre de théâtres, sans compter les Basochiens et les Enfants sans souci, également privilégiés. Les Confrères intentaient des procès à leurs concurrents, mais la procédure traînait en longueur, les années s'écoulaient, et les troupes rivales, en attendant que la justice se fût prononcée, continuaient leurs représentations.

Jusqu'à la fin du seizième siècle, Paris compte, à bien prendre, trois théâtres réguliers : l'hôtel de Bourgogne, les salles de la Basoche et des Enfants sans souci; trois autres, plus irréguliers :

l'hôtel de Boncourt, celui de Beauvais et celui du collège de Reims; cinq ou six autres, qui donnaient de temps en temps des pièces, attendues avec une vive curiosité : les hôtels de Guise et de Cluny, les collèges Coqueret et d'Harcourt. Les trois premiers étaient de véritables théâtres, ayant chacun leur troupe particulière, un répertoire et des représentations à jour fixe; sur les autres, jouaient des écoliers ou des sociétés d'amateurs. Ainsi, en 1550, les tragédies *d'Esther,* d'Antoine le Devin, et du *Sacrifice d'Abraham,* de Théodore de Bèze, furent représentées en société. Parfois les grands théâtres reprenaient une pièce qui s'était produite d'abord sur quelque scène de collège : l'*Achille,* de N. Filleul, parut au collège d'Harcourt, avant d'être donnée en 1564 par l'hôtel de Bourgogne.

Les relations des trois théâtres réguliers étaient assez orageuses : tantôt on les voit ennemis, tantôt alliés. Après l'arrêt qui leur interdit des sujets religieux, les confrères s'associent aux Enfants sans souci et à la Basoche, et leur cèdent l'hôtel de Bourgogne; puis de graves démêlés les séparent, et l'intérêt commun finit par les réunir. Ils semblent, pendant cette période, avoir un même répertoire : *l'Antigone,* de Garnier, jouée à l'hôtel comme toutes les pièces de cet auteur depuis 1568, est reprise en 1580 par les Basochiens. Les deux troupes rivales, après deux ans de refroidissement, scellèrent leur réconciliation en jouant ensemble, avec une grande solennité, la *Médée,* de Binet (1577).

Dans les collèges, on fait une sérieuse concurrence aux troupes privilégiées : à l'hôtel de Reims et au collège de Boncourt, on joue toutes les œuvres de Jodelle; au collège de Beauvais, celles de Grevin. L'hôtel de Reims eut même, de 1550 à 1578, une période des plus brillantes, durant laquelle on produisit, sur cette scène universitaire, la *Sophonisbe,* de Saint-Gelais, *l'Esther,* de

P. Matthieu, et nombre d'autres ouvrages qui ont marqué dans l'histoire dramatique du temps.

Cependant, le répertoire des théâtres réguliers est de beaucoup le plus varié. Aux collèges, la tragédie se montre seule; ailleurs, on y associe la comédie, qui se dégage des vieux langes de la sotie et de la farce. Les Basochiens (fig. 31) s'attachent le joyeux et fécond

Fig. 31. — Le roi de la Basoche recevant les doléances de deux de ses sujets ; d'après une grav. du XVIe siècle.

Larivey; ils s'aventurent jusqu'à la pastorale, et accueillent une des pièces les plus curieuses de la renaissance, *Philanire*, de Cl. Rouillet, véritable tragédie bourgeoise. De leur côté, les Enfants sans souci n'abandonnent pas l'ancien genre pour le nouveau, et entremêlent les tragédies de moralités, ou même d'actualités, comme *Pierrot,* églogue sur la mort de Ronsard.

L'hôtel de Bourgogne n'a point encore de caractère propre;

c'est une scène où défilent des troupes diverses, selon que les confrères, hommes d'ordre et habiles industriels, trouvent plus d'avantage à louer leur salle qu'à jouer leur répertoire. Malgré l'arrêt du parlement, ils continuèrent jusqu'à la fin du siècle à représenter leurs mystères; ce genre était demeuré cher au peuple, et en cette occurrence, le peuple y resta pour un temps fidèle.

Que devinrent toutes ces formes de l'art théâtral à sa naissance après la journée des Barricades (12 mai 1588), qui fut le point de départ des lugubres « drôleries de la Ligue », ainsi que les appelle Pierre de l'Estoile? On serait tenté de croire que l'hôtel de Bourgogne ferma ses portes, que les collèges cessèrent leurs représentations solennelles, que nulle part il ne se trouva d'association dramatique pour avoir le courage de s'occuper d'amusements en face des misères publiques. Il n'en est rien : le train des plaisirs ne s'interrompt guère, et les procès des confrères de la Passion nous prouvent que, sous la Ligue comme beaucoup plus tard et en des temps plus sombres encore, les Parisiens ne consentirent pas à se priver de leur distraction favorite.

De 1580 à 1600, des troupes de campagne rôdent autour de Paris, et réussissent parfois à y pénétrer pour y installer quelque spectacle; une d'elles s'établit en 1584 à l'hôtel de Cluny, et ne céda la place que devant les réclamations des confrères. Nouvelle tentative au début de la Ligue, de la part d'une troupe mêlée de Français et d'Italiens. Le parlement intervint pour interdire à quiconque « de faire aucun spectacle dans la ville, soit aux jours fériés, soit aux jours ouvrables ». La foule s'ameuta, et les confrères, lésés dans leur intérêt d'entrepreneurs dramatiques, laissèrent les intrus occuper, moyennant finance, l'hôtel de Bourgogne. Cette troupe, qui prit le nom de *Nouveaux Confrères*, joua durant toute la Ligue et donna quelques-unes des meilleures pièces de l'époque :

*Agamemnon* (1590), *Cléopâtre, Isabelle, Sophonisbe* (1594), *les Horaces* (1596), etc. Il faut noter, de plus, que les Basochiens reprennent avec succès une des plus célèbres soties, *le Prince des sots* (1594), sans parler de la tragédie de *Clytemnestre*, et des *Guisiers*, et de *Charlot*, satires politiques.

Quant à la cour, où l'on se souvenait encore des magnificences du *Ballet comique de la Royne*, représenté au Louvre en 1582, elle avait assisté, pendant les états de Blois, aux dernières représentations des *Gelosi*, comédiens italiens de Venise. Cette troupe vint ensuite à Paris, pour jouer des pantomimes (fig. 32 à 40) dans la salle du Petit-Bourbon, mais les confrères de la Passion leur firent défense d'ouvrir un théâtre en dehors de l'hôtel de Bourgogne. L'arrêt du parlement était du 10 décembre 1588; il ne paraît pas que les Italiens, peut-être protégés, en aient tenu grand compte; du moins, un arrangement dut intervenir entre eux et les confrères, car ils réussirent à se maintenir dans la capitale.

A quelque temps de là, une troupe de campagne s'établit à la foire Saint-Germain, et comme elle était excellente, la foule s'y porta en masse. Les confrères s'émurent, firent valoir une fois de plus ces privilèges qu'ils avaient tant de mal à défendre, et, dans une plainte adressée au lieutenant civil du Châtelet, ils réclamèrent la suppression dudit théâtre. Les comédiens de la foire suspendirent spontanément leurs représentations et s'en remirent à la décision du lieutenant civil.

Cette affaire fit du bruit dans Paris, et les partisans du théâtre forain, accusant la troupe de l'hôtel de Bourgogne d'avoir arrêté par jalousie les représentations de la troupe rivale, envahirent le parterre, insultèrent les acteurs et commirent toutes sortes d'excès. Le lieutenant civil, par sentence du 5 février 1596, déclara que le privilège exclusif des *maîtres* de l'hôtel de Bourgogne ne devait pas cependant prévaloir sur les droits accordés de tout temps aux entrepreneurs de la foire Saint-Germain, et que les comédiens de province pouvaient y jouer tant qu'elle durerait, à condition de payer à la confrérie une redevance de deux écus par an.

Les confrères de la Passion louaient leur salle à des conditions si onéreuses (environ 2,500 livres pour l'année), que les troupes qui se succédèrent à l'hôtel de Bourgogne jusqu'en 1615 (fig. 41) n'y firent pas leurs affaires. Beaucoup de spectateurs entraient, sans payer, au parterre, quoique le prix d'entrée eût été fixé à 5 sous,

Fig. 32 à 36. — Baladins et mimes italiens; d'après Callot. XVII^e s.

Personnages de gauche à droite : 1. *Signora Lavinia.* — 2. *Cap. Ceremonia.* — 3. *Cap. Cocodrillo.* — 4. *Signora Lucretia.* — 5. *Pulliciniello.*

par ordonnance du Châtelet (15 novembre 1609). La plupart des grandes loges n'étaient pas remplies, et souvent la représentation n'avait pas lieu, faute de pouvoir réunir une recette suffisante pour couvrir les frais du jour. Les comédiens attendaient donc quelquefois, avant de commencer le spectacle, que la salle se remplît, et il en résultait que les représentations, au lieu de finir à quatre heures et demie, comme l'exigeaient les règlements de police, se prolongeaient jusqu'à six et sept heures du soir. Les représentations étaient pourtant annoncées par des *montres* ou promenades que les acteurs en costume de théâtre faisaient, dans les rues voisines, aux sons des instruments, et ensuite par la parade plaisante d'un acteur à la porte de la salle.

Les confrères avaient obtenu d'Henri IV, en avril 1597, la confirmation de leurs vieux privilèges, qu'ils étaient résolus à maintenir avec une inflexible rigueur. Aussi, dès qu'ils apprenaient l'arrivée de plusieurs comédiens de province descendus dans une hôtellerie de la capitale, ne fût-ce même qu'une humble troupe de saltimbanques (fig. 42), ils les avertissaient, par huissier, de ne pas songer à y exercer leur profession. En 1596, ayant

Fig. 37 à 40. — Même suite; d'après Callot. XVII^e s.

6. 7. *Fracasso* et *Taglia-Cantoni*. — 8. *Franca Tripa*. — 9. *Fritellino*.

conclu un marché avec une troupe de comédiens dirigée par Nicolas Potrau, et ceux-ci ne se pressant pas d'exécuter leur traité, sans doute faute de ressources pécuniaires, les *maîtres* leur firent signifier « qu'ils eussent à venir sans délai représenter jeux et farces à l'hôtel de Bourgogne ». En 1598, ils passèrent un bail avec des comédiens anglais, et comme les représentations de cette troupe n'attiraient personne, dix jours plus tard ils faisaient saisir, pour en assurer le payement, les costumes et le matériel de ces pauvres diables.

Dans tous les procès que la confrérie de la Passion avait à soutenir, au Châtelet ou en parlement, et même devant le bailli du faubourg Saint-Germain ou devant le bailli du palais, pour défendre les privilèges de l'hôtel de Bourgogne, la question d'art dramatique n'était jamais en cause, car les confrères administraient leur théâtre comme une propriété immobilière, à laquelle ils faisaient rendre tout ce qu'elle pouvait produire dans l'intérêt des associés.

La salle était vaste, mais peu élevée de plafond, eu égard à ses dimensions, qui permettaient d'y rassembler plus de 2,000 personnes. La scène avait une profondeur extraordinaire (fig. 43), puisqu'elle avait été faite pour représenter des mystères où figuraient un nombre considérable d'acteurs; quand on n'y jouait que des farces, l'espace se trouvait considérablement réduit par des tentures de tapisserie qui n'encadraient que le milieu de cette vaste scène. L'éclairage, durant les représentations, consistait en une rangée de chandelles, qu'il fallait moucher souvent pour en raviver la clarté fumeuse : il y avait, en outre, au-dessus des acteurs, un porte-flambeau à quatre branches, suspendu en l'air, avec quatre grosses bougies de cire jaune. Il y avait deux rangs de loges superposées, et chaque loge, garnie de bancs de bois, pouvait renfermer plus de 12 spectateurs, qui voyaient tant bien que mal, mais qui n'étaient pas vus du reste de la salle, où régnait une demi-obscurité. Les corridors et les montées restaient absolument dans les ténèbres, et une heure avant que les chandelles de la scène fussent allumées, on avait la liberté, en prenant son billet, de venir s'asseoir dans une loge entièrement obscure. Le parterre, où chacun se tenait debout et circulait à volonté durant la représentation, n'était pas mieux éclairé que les loges, et cette obscurité ne favorisait que trop les entreprises des mauvais sujets et des filous. Une ordonnance du lieutenant civil (12 novembre 1609) enjoignit aux comédiens de faire éclairer le parterre, les galeries et les escaliers, du moins à la sortie du spectacle; mais cette ordonnance ne fut jamais ponctuellement exécutée, et main-

Fig. 41. — Scène de *Panthée*, tragédie d'Alexandre Hardy, jouée à l'hôtel de Bourgogne en 1604.

tes fois les prédicateurs dénoncèrent en chaire les scandales de l'hôtel de Bourgogne.

Les maîtres de l'hôtel traitèrent, au mois d'avril 1599, avec des comédiens italiens qui se disaient comédiens du roi, parce que le roi les avait mandés plusieurs fois au Louvre, et ils leur louèrent la grande salle de l'hôtel, par bail de quatre années. Ces comédiens n'étaient que les prête-noms et les associés d'une troupe de comédiens français, qui s'intitulaient « comédiens ordinaires du roi », parce que Henri IV les avait reçus aussi au Louvre et s'était beaucoup diverti de leurs comédies. Les deux troupes

Fig. 42. — Grotesques. D'après des dessins originaux.

s'installèrent donc à l'hôtel de Bourgogne et se partagèrent les sept jours de la semaine : les Italiens se réservant le mardi, le jeudi et le samedi, les Français s'attribuant les quatre autres jours, y compris le dimanche. Ceux-ci eurent une vogue prodigieuse, et la foule augmentant tous les jours, il fallut demander au lieutenant de police la permission de faire établir des barrières devant la porte du théâtre, « pour empescher la pression du peuple, » à l'heure de la représentation.

Dès ce moment, la troupe royale se trouva constituée, avec le titre qu'elle s'était donné elle-même. Bientôt les deux associés,

Valleran le Comte et Matthieu le Fèvre, dit la Porte, se séparèrent à l'amiable, et la Porte, qui s'était fait des protecteurs et des appuis considérables à la cour, obtint un privilège spécial pour créer un théâtre tout nouveau (1600), absolument distinct de

Fig. 43. — Décoration théâtrale au XVIIe siècle. D'après Callot.

N. B. — Cette décoration fait bien ressortir la profondeur de la scène, telle qu'elle était alors.

l'hôtel de Bourgogne et ne lui étant assujetti par aucune redevance. Ce théâtre ne devait retenir la farce que comme un accessoire de peu d'importance : il était destiné à mettre en scène de grands ouvrages en vers, tragédies, tragi-comédies, pastorales et comédies, rehaussées par la splendeur des costumes et des décorations, ainsi que par l'ingénieux emploi des machines théâtrales et de la musique. Établi à l'hôtel d'Argent, au coin des rues de la Verrerie et de la Poterie, il inaugura ses représentations avec un éclat qui éclipsa tout d'abord celles de l'hôtel de Bourgogne. Le poète Hardy, qui avait composé plusieurs centaines de pièces pour les troupes de province, s'était engagé à pourvoir à tous les besoins de la nouvelle compagnie, à laquelle il donna, en effet, plus de 40 grands ouvrages, de 1601 à 1625. Un procès, que les confrères de la Passion intentèrent en 1608 à la Porte, fut arrêté par ordre du roi.

Aussi s'empressèrent-ils de faire confirmer par la régente Marie de Médicis tous les privilèges anciennement octroyés, ce qui leur permit de poursuivre impitoyablement plusieurs troupes de comédiens qui s'obstinaient à ne pas tenir compte de leurs droits, entre autres la troupe de Claude Husson, dit Longueval, jouant au quartier Saint-Germain des Prés. Plus tard, en 1621, Étienne Robin, maître paumier, demeurant rue Bourg-l'Abbé, ayant loué son jeu de paume à des comédiens, fut condamné à des dommages-intérêts, et une sentence du Châtelet défendit à tous les paumiers, sous peine d'amende, « de louer leur jeu de paume à des comédiens et de souffrir estre dressé théâtre chez eux ». Sous le bénéfice de cette sentence, les confrères recommencèrent des procédures contre les comédiens de l'hôtel d'Argent, qui, se trouvant trop à l'étroit dans le quartier des halles, avaient transporté leur théâtre dans un jeu de paume de la Vieille rue du Temple, où il prit le nom de *théâtre du Marais*.

Situé dans le quartier qui fut sous Louis XIII le centre du beau monde, ce théâtre eut ses années de prospérité, malgré la rivalité de l'hôtel de Bourgogne, et grâce à Mondory, l'un des meilleurs comédiens du siècle et le protégé du cardinal. Il était venu de Rouen avec une excellente troupe toute formée, rompue à la tragédie et qui absorba les anciens comédiens du Marais. D'après Mervezin, dans son *Histoire de la poésie française,* « après que Corneille eut fait *Mélite,* il la donna aux comédiens de Rouen : Mondory, qui en était le chef, connut que cette pièce serait bien vue à Paris; il y vint avec sa troupe pour la représenter; il s'établit au Marais, dans la rue Grenier-Saint-Lazare. »

Fig. 44. — Vue de Paris. D'après Callot. XVII^e siècle.

*N. B.* — On voit, dans cette composition, des comédiens ambulants usant de l'ancien privilège d'acquitter le péage *en monnaie de singe.*

Corneille fut longtemps fidèle au théâtre du Marais : il y donna *le Cid,* et plus tard, quelques-unes des meilleurs tragédies de sa vieillesse, comme *Sertorius.*

C'est le théâtre du Marais qui obtint le plus grand succès du siècle, avec les 80 représentations consécutives du *Timocrate* de Thomas Corneille. Un autre succès de l'époque fut *les Amours de Jupiter et de Sémélé,* tragédie à grand spectacle et à intermèdes musicaux de l'abbé Boyer, la victime de Racine. Représentée au

Marais en 1648, cette pièce précéda de deux ans l'*Andromède* de Corneille et laissa dans l'esprit des contemporains le souvenir d'un genre où la perfection avait été atteinte du premier coup.

On doit donc au théâtre du Marais, d'abord Corneille, ce qui suffirait à sa gloire, puis la pièce à machines, origine de l'opéra tel que le comprit Quinault. C'est également sur cette scène que débuta Mlle de Champmeslé, avant de passer successivement à l'hôtel de Bourgogne et à l'hôtel Guénégaud.

Les troupes de comédiens, qu'on appelait « comédiens de campagne ou de province », prenaient souvent le nom d'un protecteur, prince ou grand seigneur, qui les avait largement rémunérées. Elles étaient libres de se fixer dans toutes localités et d'y « faire la comédie », après avoir obtenu l'autorisation des magistrats locaux : on leur demandait seulement de payer une redevance pour les pauvres ou pour les malades de l'hôpital (fig. 44). Ces troupes parcouraient la France et même l'étranger en toutes saisons, avec des voitures couvertes, chargées de décors, de toiles, d'accessoires et de bagages, suivies ou précédées de chevaux de selle que les acteurs et actrices montaient à tour de rôle. Quelques-unes de ces troupes, qui se composaient d'un personnel assez nombreux (celle que dirigeait le comédien Filandre était célèbre), étaient en faveur, à cause des souvenirs qu'elles avaient laissés dans les villes où elles revenaient tous les ans : le talent des comédiens, la richesse de leurs costumes, le mérite de leur répertoire, leur assuraient des représentations fructueuses. La plupart étaient fort misérables et ne s'arrêtaient que dans les villages, pour ouvrir leur théâtre dans les granges ou sous des tentes : elles manquaient du nécessaire et ne vivaient que de dons charitables ; mais, la passion du théâtre étant alors générale, on faisait assaut de générosité à l'égard des comédiens. Ceux-ci se recrutaient dans toutes les classes sociales : il y avait parmi eux des artistes illettrés, qui n'en jouaient pas plus mal pour cela, des écoliers, des

Fig. 45. — Frontispice de l'édition originale du *Roman comique* de Scarron. (Toussaint Quinet, 1651, 2 vol. in-8°.)

poètes, des gentilshommes. Leur association était une sorte de franc-maçonnerie, qui aurait eu ses statuts secrets, ses serments professionnels, s'il fallait en croire Scarron.

Une troupe arrivait-elle dans une localité, on lui apportait souvent des victuailles et du vin, on lui faisait des offres de service. En cas de mauvais temps, ils trouvaient l'hospitalité dans les châteaux comme dans les chaumières, et même dans les couvents. Quand ils étaient fixés dans une ville, le curé de la paroisse à laquelle ils s'attachaient ne faisait jamais difficulté de les marier, de baptiser leurs enfants et de les enterrer à peu de frais, et parfois gratuitement. Il n'y avait pas de salle de spectacle dans les villes de France comme dans celles d'Italie, mais les comédiens trouvaient toujours un jeu de paume pour y établir leur théâtre : il suffisait d'élever, à l'une des extrémités du jeu, une estrade pour la scène avec des coulisses et une toile de fond, que le décorateur de la troupe se chargeait de peindre à l'huile ou à la détrempe. Les meilleures villes de France n'eurent pas d'autre théâtre jusqu'à la fin du dix-septième siècle.

Les comédiens les plus riches avaient toujours la bourse ouverte pour leurs camarades pauvres, et si pauvres que quelques-uns n'avaient pas même un habit de théâtre pour paraître sur la scène. En revanche, ceux-là mêmes qui ne portaient que des guenilles se paraient de noms pompeux ou bizarres qu'on ne leur disputait pas; ces noms étaient pris des romans en vogue, ou formés de sobriquets. On voit ainsi les héros du *Roman comique* (fig. 45), qui sont de véritables comédiens ambulants (fig. 46), se qualifier des noms du *Destin*, de *la Rancune*, de *la Caverne* et de *l'Étoile*. Le poète de la troupe n'avait pas un emploi fictif, car non seulement il devait composer, au besoin, des pièces de circonstance, surtout des intermèdes, des divertissements et des ballets, mais encore il était chargé de modifier, de couper et d'abréger les pièces du répertoire, selon les aptitudes des acteurs qui devaient les jouer; il remplissait aussi les fonctions multiples de régisseur, de lecteur, d'orateur et de souffleur de la troupe. Tous ces comédiens de campagne aspiraient à venir s'engager dans une des troupes qui se trou-

Fig. 46. — Scène du *Roman comique*. L'arrivée des comédiens au Mans. D'après Oudry.

vaient de passage ou à demeure dans la capitale; ces troupes de

Paris, disaient-ils dans leur argot, étaient « leurs colonnes d'Hercule ».

La troupe de l'hôtel de Bourgogne, qui se fit appeler par excellence l'*Élite de la troupe royale* et les *Grands Comédiens,* pour se mieux distinguer des *petits comédiens du Marais,* ainsi qu'elle qualifiait dédaigneusement les acteurs de l'ancien hôtel d'Argent, était souvent mandée, *par ordre,* à la cour, pour faire la comédie dans la salle du Louvre. Mais le roi et la cour prenaient bien moins de plaisir à ces représentations données par des comédiens de profession, qu'à voir danser des ballets.

Ce genre de divertissement, après avoir été inauguré avec éclat sous le règne d'Henri III, retrouva toutes ses splendeurs et tous ses attraits aussitôt que Henri IV fut rentré au Louvre. Le ballet donné par Madame, sœur du roi, en 1595, resta célèbre. Il y eut aussi des ballets chez les princes du sang, chez les grands seigneurs, comme le duc de Montmorency, et même à l'Arsenal, où l'austère Sully ne dédaignait pas d'y présider, gardant lui-même la porte de la salle, une calotte de velours sur la tête, un brassard de pierreries au bras gauche et un gros bâton dans la main droite.

Le ballet de cour n'exigeait ordinairement aucune décoration, aucun appareil théâtral, dans l'endroit où il se donnait, mais il entraînait quelquefois des dépenses considérables de costumes et d'accessoires. Les personnages du ballet, revêtus de leur déguisement, aussi exact et original que possible, entraient deux par deux ou quatre par quatre, dans la salle où ils commençaient leurs danses et leur pantomime, au milieu de l'assemblée, qui quelquefois répétait les airs de musique, en chantant à demi-voix les vers caractéristiques qui s'appliquaient aux personnages. Cependant plusieurs ballets furent de merveilleux spectacles de machines, qui offraient les tableaux mécaniques les plus ingénieux. On se souvint longtemps, par exemple, de ce ballet maritime, que le roi avait ordonné en 1609 pour plaire à M^lle de Montmorency, et dans lequel les peintres et les machinistes avaient si bien réussi à représenter la mer, qu'on voyait Neptune et Amphitrite voguer

Fig. 47 à 49. — Types de la comédie italienne. D'après Callot. XVII^e siècle.

sur leurs chars, les tritons et les néréides nager autour d'eux, et un grand navire balancé sur les flots.

La plupart des ballets représentés à la cour d'Henri IV appartenaient au genre trivial et burlesque, comme nous le verrons plus loin en traitant de la musique; Louis XIII hérita du goût de son père. Ce fut, au contraire, le genre noble et mythologique qui domina sous Louis XIV, et ce genre correspondait, en effet, mieux que tout autre, à la sérieuse majesté du grand roi, qu'on vit figurer plus d'une fois devant toute sa cour dans les ballets de Benserade et de Molière.

Le théâtre du Marais s'était permis plus d'une fois d'imiter les ballets de cour, en représentant de grandes pièces à spectacle, avec danses et musique; mais il en coûtait fort cher pour monter de pareilles pièces, faites la plupart sur des sujets mythologiques, et quoique la cour ne manquât pas de se rendre à ces représentations, le produit des recettes n'était pas suffisant pour en couvrir les frais. Poètes, musiciens et comédiens semblaient alors d'intelligence pour faire adopter en France le genre de l'opéra, que l'Italie possédait depuis longtemps (fig. 47 à 49). Le cardinal Mazarin avait voulu le premier donner aux Français un essai de ce genre de spectacle essentiellement italien, en faisant représenter devant la cour, en 1645, les *Feste teatrali*, par des chanteurs venus d'Italie (fig. 50) exprès pour la représentation, qui eut lieu dans l'immense salle du Petit-Bourbon. Ce fut encore dans cette salle qu'un second essai d'opéra, cette fois français, se renouvela, en 1650, avec plein succès, grâce à la nouveauté et à la perfection des machines qui servaient à cette représentation de la tragédie d'*Andromède*, du grand Corneille.

Ces deux essais avaient trop bien réussi pour ne pas encourager quelque entrepreneur à demander le privilège d'un théâtre d'opéra, mais les confrères de la Passion se jetèrent encore à la traverse, en invoquant leurs privilèges exclusifs. Le marquis de Sourdéac, amateur passionné de musique et de machines, consacra une partie de sa fortune à monter, dans son château de Neuf-Bourg en Normandie, la tragédie lyrique de *la Toison d'or* (1660), et il fit ensuite don de tous les décors et machines au théâtre du

Marais, qui représenta nombre de fois la pièce de Corneille avec un éclat extraordinaire.

Depuis que la tragédie et la comédie en vers avaient remplacé avantageusement la farce de bas étage, sur la scène de l'hôtel de

Fig. 50. — Comédiens italiens, appelés en France par le cardinal Mazarin. D'après une gravure anonyme. (Bibl. nat.)

Bourgogne, ce théâtre n'avait fait aucuns frais pour restaurer et embellir sa vieille salle; les confrères de la Passion se bornaient à entretenir le bâtiment tant bien que mal, en dépensant pour cet objet 700 à 900 livres par an. Le matériel ne changeait point : c'était toujours le même paysage, le même palais, la même place publique, que des toiles usées et déteintes offraient à la vue des spectateurs. Les acteurs ne se préoccupaient que de leurs costumes, qui n'avaient pas le moindre caractère de vérité historique, mais qui se distinguaient par une extrême richesse. « Il y a peu de pièces nouvelles, » dit Chapuzeau, « qui ne leur coûte de nouveaux ajustements; et le faux or ni le faux argent, qui rougissent bientôt, n'y étant pas employés, un seul habit à la romaine ira souvent à 500 écus (lisez plus de 4,000 fr. de notre monnaie). » Et M. Despois ajoute : « Le chapeau à plumes, ou tout au moins le casque orné de plumes gigantesques, était de rigueur dans les sujets antiques. Genest, dans la pièce de Rotrou, représentant un martyr chétien devant Dioclétien, met « le chapeau à la main » en adressant sa prière au ciel; et c'était Beaubourg, si je ne me trompe, qui dans le rôle de Cinna agitait convulsivement son casque à plumes rouges, en prononçant ce vers :

« Et sa tête à la main, demandant son salaire. »

Il fallait bien que cette exagération du costume pût répondre à l'exagération du jeu des acteurs, pour qui la déclamation n'était jamais assez retentissante, la mimique assez grimaçante, la pantomime assez mouvementée. Le comédien, loin de chercher le naturel dans l'expression de ses rôles, croyait rendre la passion par de furieux éclats de voix et par des airs de démoniaque. La déclamation scénique, qu'elle fût chantante ou criarde, arrivait ainsi à des abus de force physique, auxquels les natures les plus énergiques ne se livraient pas impunément : Mondory, dans le rôle d'Hérode, fut frappé de paralysie; Montfleury, dans le rôle d'Oreste et Brécourt dans celui de Timon, se brisèrent un vaisseau et furent pris de vomissements de sang qui causèrent leur mort presque immédiate.

Tous ces comédiens, à la voix de tonnerre, aux gestes forcenés, à l'air frénétique, n'étaient cependant pas sans talent. La plupart avaient joué dans la farce, avant de jouer dans la comédie, c'est-à-dire dans le genre noble; ils avaient, en conséquence, deux

Fig. 51. — L'hôtel de Bourgogne. Turlupin, Gros-Guillaume, Gautier-Garguille, et l'Espaignol. — D'après Abr. Bosse.

Que ce théâtre est magnifique !
Que ces acteurs sont inventifs !
Et qu'ils ont de préservatifs
Contre l'humeur mélancolique !...

Icy l'ingénieux Guillaume,
Contrefaisant l'homme de cour,
Se plaît à gourmander l'Amour
Troussé comme un joueur de paume.

Icy d'une façon hagarde,
Turlupin veut faire l'escroq ;
Et l'Espaignol de peur du choq
Fuit le François qui le regarde.

Mais le vray Gautier les surpasse,
Et malgré la rigueur du sort,
Il nous fait rire après sa mort,
Au souvenir de sa grimasse.

noms de guerre : Henri Legrand s'était surnommé *Belleville* et *Turlupin;* Robert Guérin, *Lafleur* et *Gros-Guillaume;* Hugues Guéru, *Fléchelles* et *Gautier-Garguille* (fig. 51). Leur réputation de comédien ne fut pas à la hauteur de celle qu'ils avaient acquise comme farceurs. Leur camarade Hardouin de Saint-Jacques, qui jouait sous le nom de *Guillot-Gorju*, ne prit pas d'autre nom de théâtre, parce qu'il ne se risqua point dans la tragédie.

Ces quatre farceurs, les plus fameux qu'on ait vus à l'hôtel de Bourgogne, avaient chacun leur emploi caractérisé, leur costume spécial, leur genre de burlesque; rien n'égalait une farce où ils jouaient ensemble, d'abondance, en s'en tenant à la nature exclusive du rôle que chacun d'eux avait à remplir. Leur aspect seul provoquait le rire. Ils étaient du peuple et n'avaient pas la moindre teinture des belles-lettres; mais l'esprit ne leur faisait pas défaut et ils trouvaient, pour animer leurs dialogues, les saillies et les reparties les plus inattendues et les plus comiques. Lorsque la farce dut être abandonnée, parce qu'elle avait passé de mode, ils continuèrent à débiter, avant la tragédie, des prologues et discours facétieux, qu'ils développaient avec un sérieux imperturbable sur des sujets plaisants. Après la tragédie et la comédie, ils chantaient, avec mille grimaces, des chansons triviales, trop souvent libres, qu'on appelait les *Chansons des comédiens* et qui remplissaient la salle de bruyants éclats de rire. Ces chansons grotesques, ils les composaient eux-mêmes; Gautier-Garguille surtout y excellait.

Les comédiens, qui jouaient seulement dans les tragédies, les tragi-comédies et les pastorales, sortaient la plupart des familles bourgeoises; quelques-uns même étaient nobles et ne croyaient pas avoir déchu en montant sur le théâtre, ce qui fut reconnu et déclaré par une ordonnance du roi, en date du 14 avril 1641, constatant que la profession de comédien n'avait rien que d'honorable et qu'elle ne le faisait pas déroger à la noblesse. Quelles que fussent les distinctions sociales qui pouvaient exister entre les comédiens, la plus franche confraternité régnait entre eux au théâtre, mais elle n'existait plus dans la vie privée, où chaque comédien reprenait son rang.

Parmi les comédiens bien nés et de bonne éducation, qui fai-

Fig. 52. — Jodelet, fuyant les flammes. D'après une gravure du temps, relative à l'incendie du théâtre du Marais (1634).

saient les beaux jours de l'hôtel de Bourgogne, il faut citer Pierre le Messier, dit *Bellerose;* Michel Boyron, dit *Baron;* François Chatelet de Beauchateau et sa femme; Josias de Soulas, sieur de Prinefosse, dit *Floridor;* Zacharie Jacob, dit *Montfleury,* et sa femme; Vautray, un des meilleurs acteurs de la tragédie. Au reste, les comédiens, étant tous plus ou moins capricieux et fantasques, se dégoûtaient souvent de la troupe où ils figuraient, et ils passaient alors dans une autre, quittes à revenir bientôt dans celle qu'ils avaient quittée. C'était quelquefois aussi un ordre du roi ou d'un ministre qui décidait de leur changement : en 1634, par commandement du roi, six acteurs du Marais rentraient à l'hôtel de Bourgogne, où ils avaient déjà figuré.

Entre les bons acteurs comiques du Marais, on peut nommer seulement Alison, qui jouait les femmes du peuple; Jodelet, qui jouait les valets (fig. 52); Bellemore, dit le *capitaine Matamore;* le grotesque Jean Farine, etc. Les bonnes actrices furent M$^{lle}$ l'Oysillon, la Beauchateau, la Desurlis, Marie Vernier, femme la Porte. Quant aux acteurs, ils étaient tous éclipsés par Mondory, le premier comédien de son temps et le chef de sa troupe, auquel succéda Dorgemont, comme le plus digne. Richelieu, qui avait au plus haut degré la passion du théâtre, préférait Mondory à tous les acteurs tragiques, et quand celui-ci devint paralytique, à la suite d'une attaque d'apoplexie qui l'avait frappé sur la scène en jouant le rôle d'Hérode dans la *Mariamne* de Tristan (1636), le cardinal lui assigna une pension viagère de 2,000 livres, que d'autres grands seigneurs s'empressèrent d'augmenter à l'envi, en témoignage d'admiration. L'année suivante, Mondory, quoique à demi perclus de tous ses membres, remonta sur le théâtre pour reparaître dans *l'Aveugle de Smyrne,* tragi-comédie de Richelieu et de ses quatre collaborateurs ordinaires.

Malheureusement, en 1639, il n'était plus en état d'accepter un rôle dans la tragédie de *Mirame,* que le cardinal fit représenter, avec un luxe inouï, pour l'ouverture de la nouvelle salle de spectacle, construite, à cette occasion, dans le Palais-Cardinal. Cette salle, pouvant contenir plus de 3,000 personnes, avait été décorée superbement et disposée pour les représentations que le premier ministre voulait y donner avec le concours des comédiens de l'hôtel de Bourgogne et du Marais; mais il fut si peu encouragé par le mauvais succès de *Mirame*, qu'il laissa sans desti-

Fig. 53. — Scène de *Mirame*. D'après la Belle. (Tirée de l'*Ouverture du théâtre du Palais-Cardinal; Mirame, tragi-comédie*. Le Gras, 1641, in-fol.).

nation un théâtre qu'on regardait comme le plus beau qui fût en France (fig. 53).

Les confrères de la Passion étaient toujours en querelle et en procès avec les comédiens qui tenaient à bail leur salle et qui ne pouvaient aller jouer ailleurs, si ce n'est à la cour, sans s'exposer à des réclamations exorbitantes. Par exemple, une partie de la troupe étant allée donner des représentations au jeu de paume de Berthault, pendant que le reste continuait les siennes à l'hôtel, une sentence la condamna à payer aux maîtres une somme de 405 livres pour les 125 représentations qui avaient eu lieu au dehors. La troupe royale, qui touchait 12,000 livres de pension du roi, employait une bonne part de cette somme à désintéresser les insatiables détenteurs des privilèges de l'ancienne confrérie de la Passion. Plusieurs troupes de province avaient essayé de s'établir momentanément à Paris, en payant aux confrères le droit d'un écu par représentation; une de ces troupes ouvrit un théâtre, en 1632, au jeu de paume de la Fontaine, rue Michel-le-Comte; une autre troupe obtint la permission, en 1635, de jouer à la foire de Saint-Germain, mais ces tentatives échouèrent tristement.

Les habitants de Paris étaient toujours très curieux de toute espèce de spectacle, et, néanmoins, le prix des places au théâtre ayant été presque doublé, il fallait compter avec sa bourse, pour se donner un plaisir si coûteux. Depuis cette époque jusqu'en 1699, où le droit des pauvres le fit encore élever d'un sixième, on payait 3 livres sur la scène, dans les loges et à l'amphithéâtre, 1 livre 10 sous aux loges hautes (2es loges), 1 livre aux loges du 3e rang; 15 sous au parterre. Les jours de première représentation, ces prix étaient doublés, et l'on voit même en temps ordinaire les premières places marquées beaucoup plus cher, car on lisait sur une affiche en vers rédigée en 1652 par l'acteur Villiers :

Venez donc, tous les curieux !  
Venez; apportez votre trogne  
Dedans notre hôtel de Bourgogne,  
Venez en foule; apportez-nous  
Dans le parterre quinze sols,  
Cent dix sols dans les galeries.

Puisque l'occasion vient de ces détails qui font partie de ce qu'on a appelé l' « envers du théâtre », on peut encore noter ici quelques particularités intéressantes.

Malgré le prix élevé des places, les théâtres ne faisaient pas de grosses recettes; les plus grands succès n'en amènent guère qui dépassent 2,000 livres par soirée. Le *Tartufe,* dont la suspension piquait la curiosité, fit, en 1669, 2,045 livres 10 sols; *le Malade imaginaire,* 1,992 livres. La moyenne, dans les années de prospérité, atteint rarement 1,000 livres, à cause des relâches occasionnées par les fêtes et les deuils de cour.

En quatorze ans, le comédien la Grange a touché 51,610 livres; l'année qui suit la mort de Molière, la part de chacun de ses camarades est de 2,510 livres 6 sols; en 1680, elle est presque quadruplée, mais les trois théâtres sont réunis en un seul, et l'on joue tous les jours, au lieu de trois à quatre fois la semaine. Molière fut riche, et il le dut à sa triple qualité de comédien, de directeur et d'auteur; même à la fin de sa carrière, il put faire abandon à ses camarades de ses droits d'auteur.

La profession de comédien n'avait alors rien de particulièrement lucratif, et nous ne parlons pas des charges, *impôt des boues et des lanternes,* dont le théâtre payait une grosse part, charité aux hôpitaux, droit des pauvres, procès incessants, pensions de retraite, etc.

Assez contrarié comme industrie, le théâtre avait d'autres embarras matériels, qui ne furent pas sans influence sur l'art même. M. Despois croit que l'usage de permettre aux spectateurs de qualité de prendre place sur la scène contribua à rétrécir le jeu de la tragédie, de façon à n'être plus qu'un dialogue passionné. Il est vrai qu'elle avait plus de liberté au seizième siècle, mais cette habitude est certainement postérieure aux chefs-d'œuvre de Corneille. Une telle disposition empêchait les changements de décors, le déploiement de mise en scène, contribuait à la mauvaise diction des acteurs, en les forçant à élever la voix pour dominer le bruit impertinent, quoique de bon ton, qui se faisait à leurs côtés. Ce fut bien pire quand les dames y furent admises, ce qui commença d'avoir lieu à la première de *Judith* de Boyer (1695). « Imaginez-vous, » dit le Sage, « deux cents dames assises sur des banquettes où l'on ne voit généralement que des hommes, et tenant des mouchoirs étalés sur leurs genoux pour essuyer leurs yeux dans les endroits touchants! Je me souviens surtout qu'il y avait au quatrième acte une scène où elles fondaient en pleurs et qui, à cause de cela, fut appelée *la scène des mouchoirs.* »

Les banquettes de la scène étaient si gênantes, qu'on les supprimait quand on montait une pièce à spectacle. Ainsi arriva-t-il, au théâtre Guénégaud pour la *Circé,* de Thomas Corneille et de Visé, pièce qui ressemblait de tout point à un opéra, sauf qu'elle était récitée et non chantée. Il y avait des changements de décors, des illusions scéniques, une assez nombreuse figuration et des *voleurs,* c'est-à-dire des figurants qui, représentant des dieux, tombaient tout à coup du cintre, le long d'une corde. Un petit *voleur* coûtait 10 sols par soirée; un moyen, 15 sols; un grand, une livre. La plus grande dépense quotidienne était la chandelle : 35 livres.

Pour une tragédie, la mise en scène était réduite à la plus simple expression.

« En général, » lisons-nous dans *le Théâtre sous Louis XIV,* « le théâtre représentait pendant toute la durée des cinq actes un « palais à volonté », un palais pouvant servir à toute fin, que le sujet soit grec, romain ou autre. Cette simplicité du décor explique comment, sans choquer la vraisemblance et l'unité de temps, Rotrou pouvait, dans *Saint Genest,* montrer le décorateur de la troupe du saint comédien improvisant un décor (fig. 54) entre le premier et le second acte. Il ne s'agissait que de barbouiller à la hâte quelques aunes de toile. Quand, par extraordinaire, on s'avise de commander un décor pour une pièce nouvelle, qui semble exiger dans la décoration un caractère particulier, on a soin de s'arranger pour qu'il puisse servir à d'autres pièces : ainsi, en

Fig. 54. — Décor de l'*Hypocondriaque,* tragi-comédie de Rotrou (1628).

1702, pour une tragédie de *Montézume* les comédiens se décident à faire les frais d'un décor, mais en stipulant qu'il sera aussi peu mexicain que possible. Pour éviter les dépenses de figuration, on a recours à des trucs ingénieux, mais primitifs. Ainsi, dans *la Mort de Cyrus ou la Vengeance de Thomiris,* jouée en 1662, au quatrième acte, Thomiris crie : « A moi, soldats ! » et aussitôt on fait tomber une toile où est représentée une armée en bataille, qui passe sur un pont. »

Nous avons dit un mot du costume; on ne le verra changer qu'au dix-huitième siècle; il y a d'autres particularités à noter, moins connues.

L'*orateur* ne faisait plus d'annonce à la porte de la salle; il ne composait plus guère de réclames imprimées sur l'affiche, comme cela se fait encore aujourd'hui en province : on se contentait d'y mentionner le titre de la pièce et la distribution des rôles, à moins qu'un fantaisiste comme Scarron ne voulût la rédiger lui-même en vers. Vers 1674, l'affiche de l'hôtel de Bourgogne est rouge, celle du théâtre Guénégaud est verte, jaune celle de l'Opéra.

D'ordinaire, les comédies, et l'on ne sait trop pourquoi, étaient représentées en été, les tragédies en hiver. On ne jouait guère que trois fois par semaine, le vendredi, le dimanche, le mardi, et le jeudi s'il y avait un grand succès; les premières représentations sont toujours attribuées au vendredi.

L'heure du spectacle, comme celle des repas, qui la commande, a beaucoup varié. Sous Henri IV, et par ordonnance, la représentation avait lieu de jour, commençait à deux heures et se terminait à quatre heures et demie. Sous Louis XIII, on commençait à trois heures, sous Louis XIV à quatre, puis à cinq heures, les courtisans ne dînant qu'après le roi, qui se faisait servir à midi. Mais comme l'ordonnance d'Henri IV était toujours en vigueur, l'affiche continuait d'annoncer la levée du rideau pour deux heures précises.

A la fin de 1643, des *enfants de famille* avaient formé une société dramatique et loué le jeu de paume des Métayers, près des fossés de la porte de Nesle, avec l'intention d'y *faire la comédie;* ils étaient protégés par Gaston d'Orléans, qui leur avait promis une pension, et ils avaient consenti à payer redevance aux confrères de la Passion. L'*Illustre Théâtre* (c'est ainsi qu'ils l'avaient appelé un peu ambitieusement) s'ouvrit le 31 décembre 1643. La troupe se composait des frères et sœurs Béjart et de leurs amis, au nombre desquels était le fils de Jean Poquelin, tapissier et valet de chambre du roi. Le jeune Molière (c'était le nom de guerre qu'il avait choisi) venait à peine de terminer sa classe de philosophie et d'achever l'étude du droit, mais il ne rêvait que comédie. L'Illustre Théâtre avait un répertoire tout nouveau et des acteurs pleins d'ardeur et d'émulation, qui ne s'étaient pas encore montrés

Fig. 55. — Scaramouche.

Fig. 56. — Dame Ragonde.

Types de comédiens italiens, d'après une suite publiée chez Mariette.

sur la scène. Malgré cela, le public leur manqua, et, après une année d'efforts infructueux, ils se transportèrent dans le quartier de l'Arsenal, où ils ouvrirent leur spectacle dans le jeu de paume de la Croix-Noire, situé devant le port Saint-Paul, sur le quai des Ormes. Là, les subventions de Gaston d'Orléans et du duc de la Meilleraye ne retardèrent pas la ruine de ce théâtre, qui avait pourtant de bonnes pièces et de bons acteurs. Molière s'était fait responsable de toutes les dettes de la troupe, qui repassa l'eau et s'établit dans le jeu de paume de la Croix-Blanche, près de la porte de Bucy. Ce troisième essai ne fut pas plus heureux que les précédents.

La troupe de l'Illustre Théâtre se décida enfin à quitter Paris et à courir la province. Pendant un intervalle de douze années, de 1646 à 1658, on la retrouve tantôt en Normandie, ou au Mans, tantôt en Guyenne, ou en Languedoc. C'est à Lyon qu'elle obtint ses plus brillants succès dramatiques, et elle fut mandée aux états du Languedoc, par le prince de Conti, qui avait été le condisciple de Molière au collège de Clermont. Elle revint à Paris en 1658, précédée de la réputation de Molière. C'est, en effet, sans doute avant cette date que Tallemant des Réaux écrit : « Un garçon, nommé Molière, fait des pièces où il y a de l'esprit : ce n'est pas un merveilleux acteur, si ce n'est pour le ridicule. Il n'y a que sa troupe qui joue ses pièces; elles sont comiques. »

La troupe débuta devant le roi, au Louvre, le 21 octobre 1658; elle joua *Nicomède,* de Pierre Corneille, et l'assemblée parut très satisfaite. Monsieur, frère du roi, s'était fait ouvertement l'appui de Molière, que le prince de Conti lui avait recommandé; ce fut lui qui l'invita à faire voir à Sa Majesté une des petites pièces comiques qu'il jouait dans les provinces avec tant de succès. Molière joua donc *le Docteur amoureux,* farce aujourd'hui perdue dont il était l'auteur, et il la joua d'une manière si divertissante, que Louis XIV lui accorda sur-le-champ la permission de s'établir, avec sa troupe, au théâtre du Petit-Bourbon.

La troupe de Molière devenait, dès ce moment, la rivale redoutable de la troupe royale de l'hôtel de Bourgogne, qui devait avoir bientôt à souffrir de la concurrence des *comédiens de Mon-*

*sieur*. Les confrères de la Passion n'osèrent pas, nonobstant leurs privilèges, mettre obstacle aux débuts de la nouvelle troupe, qui allait partager, avec une troupe de comédiens italiens (fig. 55 à 62), la possession de la salle du Petit-Bourbon, située le long de la Seine, entre le vieux Louvre et Saint-Germain l'Auxerrois, dans l'ancien

Fig. 57. — Polichinelle, type italien du XVIIe siècle.

hôtel du connétable, confisqué après sa trahison, sous François Ier. Les comédiens italiens jouaient les dimanche, mardi et vendredi; Molière s'entendit avec eux, moyennant le payement d'une somme de 1,500 livres, et se contenta des quatre autres jours de la semaine pour ses représentations. Il composa son répertoire des comédies en vers et des petites pièces en prose, qu'il avait jouées en province et qui n'étaient pas connues à Paris. C'est là que furent représentés *l'Étourdi*, *le Dépit amoureux*, *les Précieuses ridicules*, *Sganarelle*, autant de succès. La faveur particulière dont Monsieur honorait ses comédiens leur assura la vogue, et les deux premières années de leur exploitation dramatique, d'ailleurs si bien remplies, assurèrent l'établissement de leur théâtre.

Une puissante cabale s'était formée contre Molière et sa troupe : on imagina de lui enlever son théâtre, en faisant ordonner par le roi la démolition immédiate du Petit-Bourbon, pour commencer les travaux de la colonnade du Louvre. « Le lundi 11 octobre (1660), » lit-on dans le registre de la Grange, « le théâtre du Petit-Bourbon commença à être démoli par M. de Batabon, surintendant des bâtiments du roi, sans en avertir la troupe, qui se trouva fort surprise de demeurer sans théâtre. » Par bonheur, le théâtre que Richelieu avait fait construire, vingt-quatre ans auparavant, dans le Palais-Cardinal, devenu, depuis sa mort, Palais-Royal, n'était pas occupé, et aucune troupe de comédiens n'avait songé à s'en emparer, à cause de l'abandon et du délabrement dans lesquels il se trouvait. Molière était déjà bien en cour : il demanda au roi le théâtre du Palais-Royal et l'obtint, au moment même où sa troupe n'avait plus d'asile. Les réparations de la belle salle accordée à la troupe de Molière durèrent plusieurs mois, et cette troupe errante, que l'hôtel de Bourgogne et le Marais essayaient en vain de démembrer à tout prix, resta entière, allant *en visite*, comme on disait, chez les grands seigneurs et les gens riches, où elle continuait à jouer son répertoire.

La réouverture du Palais-Royal eut lieu, le 4 février 1661, par la première représentation de *Don Garcie de Navarre*, tragicomédie qui n'eut pas de succès. La comédie de *l'École des maris* fut une prompte revanche de cet échec, et, depuis lors, la prospérité de ce théâtre ne fit que s'accroître, à chaque nou velle pièce qu'il donnait au public. Vainement les rivaux et les

Fig. 58. — Trivelin, un des types les plus célèbres de l'ancienne comédie italienne. D'après une vignette du XVII^e siècle.

ennemis de l'illustre auteur-comédien se déchaînèrent contre ses ouvrages et contre sa personne; il était soutenu par la faveur du roi, qui se déclarait son approbateur et son soutien en toute occasion.

Molière ne jouait guère que ses propres ouvrages (fig. 63), car les auteurs, jaloux ou craignant de se compromettre vis-à-vis des théâtres rivaux, n'osaient lui apporter leurs pièces. Sa générosité était pourtant extrême. A Racine débutant il donne deux parts sur la recette, bien que l'usage fût d'en donner une seule; à Corneille, il donne 2,000 livres pour son *Attila;* à Boyer, 550 livres, « dans une bourse brodée d'or et d'argent, » pour son *Tonaxare,* une chute mémorable avouée par le vaniteux auteur.

La troupe du Palais-Royal était toujours nominativement la *troupe de Monsieur,* qui ne lui payait pas même l'indemnité de 300 livres qu'il avait promise à Molière. Le 14 août 1665, dans une *visite* que cette troupe faisait à Saint-Germain pour jouer devant le roi, Louis XIV, comme le raconte la Grange dans son registre de théâtre, « dit au sieur de Molière qu'il vouloit que la troupe désormais lui appartînt; et il la demanda à Monsieur, » qui n'avait rien à refuser au roi. Dès lors, elle s'intitula *Troupe du Roy au Palais-Royal,* et reçut du roi une pension annuelle de 6,000 livres.

En outre, elle touchait des sommes souvent considérables pour ses *visites* à la cour et pour ses *voyages* à Fontainebleau et à Chambord. Ainsi, arrivée le 24 juin 1662 au château de Saint-Germain, elle y resta jusqu'au 11 août, et joua seulement treize fois, ce qui lui valut une indemnité de 14,000 livres; pour les huit jours qu'elle passa à Chambord en 1670, elle eut à se partager une somme de 12,000 livres. La troupe royale de l'hôtel de Bourgogne recevait pourtant une pension supérieure (12,000 livres), parce qu'elle était deux fois plus nombreuse que sa rivale, qui ne compta jamais plus de 12 comédiens pensionnaires ou à part entière. Molière, comme auteur et chef de troupe, avait droit à deux parts, outre les gratifications personnelles que Louis XIV lui accordait de temps à autre. Molière était donc, à lui seul, en quelque sorte, l'incarnation vivante de son théâtre, de son répertoire et de ses comédiens.

Fig. 59 à 62. — Types de comédiens italiens au XVII^e siècle. D'après l'ouvrage de Riccoboni.

1. Pantalon moderne. — 2. Polichinelle napolitain. — 3. Scapin. — 4. Narcissin de Malalbergo.

C'est à lui, c'est à la distinction de son caractère, à ses qualités d'*honnête homme* ou d'homme du monde, à son crédit auprès du roi et à l'estime générale dont il jouissait à la cour, qu'il faut attribuer la position sociale que les comédiens avaient prise de son vivant, et qu'ils ne conservèrent pas longtemps après sa mort. Samuel Chapuzeau écrivait, en 1673, dans son ouvrage intitulé *le Théâtre françois :* « Le grand et facile accès que les comédiens ont auprès du roy et des princes et de tous les grands seigneurs qui leur font caresse, doit fort les consoler de se voir moins bien dans les esprits de certaines gens, qui au fond ne connoissent ni la comédie ni les comédiens. » Ceux-ci, la plupart du moins, vivaient honorablement en famille, évitant toute espèce de scandale, élevant avec soin leurs enfants, et s'attachant à n'admettre dans leur communauté que des acteurs et des actrices *de bonnes vie et mœurs*. Ils étaient généralement aussi réguliers dans leur vie privée que les bourgeois les plus estimables; ils remplissaient leurs devoirs religieux avec décence et sans ostentation; ils ne se montraient en public que vêtus proprement, et quelquefois avec recherche. Leur profession n'était pour personne un motif de mettre en doute leur conduite honorable. Ils cachaient d'ailleurs, avec une extrême discrétion, les irrégularités qui pouvaient se produire dans la conduite de leurs confrères.

Montfleury, par un odieux sentiment de rivalité contre Molière, ayant essayé de le diffamer et de le perdre dans l'esprit du roi, Louis XIV accabla de son mépris le calomniateur, et fit lui-même réparation d'honneur au comédien calomnié, en voulant être le parrain d'un de ses enfants. Chapuzeau rapporte, en faveur des comédiens, le témoignage d'un des premiers magistrats de France, lequel déclara « que l'on n'avoit jamais vu aucun de leur corps donner lieu aux rigueurs de la justice, ce qu'en tout autre corps, quelque considérable qu'il puisse estre, on auroit bien de la peine à rencontrer ». On a pu constater aussi les rapports de bonne harmonie qui existaient entre les comédiens et le clergé, antérieurement à la représentation du *Tartufe* de Molière : cette comédie, que le roi avait approuvée, fut considérée, à tort, comme une machine de guerre dirigée contre la religion, et dès lors (1667), l'Église condamna le théâtre et les comédiens.

Ceux-ci, par le fait seul de l'exercice de leur profession, se vi-

Fig. 63. — Frontispice des Œuvres de Molière (édition *princeps* de 1666); gravé par Chauveau.

*N. B.* — Molière est représenté, dans ce frontispice, en buste, et en pied dans les costumes de Mascarille des *Précieuses* et de Sganarelle.

rent retranchés de la communion jusqu'à ce qu'ils eussent fait amende honorable et renoncé au théâtre.

Molière mourut, cependant, assisté d'un prêtre et muni des sacrements (17 février 1673); mais il fallut un ordre du roi pour le faire enterrer, le soir, aux flambeaux, sans que le corps fût présenté à l'église, et l'enterrement eut lieu au cimetière de Saint-Joseph, où l'on inhumait les enfants morts sans baptême, les fous et les suicidés.

Louis XIV aimait Molière et le protégea; mais quelles furent au juste les relations du roi et du comédien? Il ne semble pas, tout d'abord, que Louis XIV ait apprécié Molière à sa valeur, comme le montre l'anecdote rapportée par Louis Racine : « Boileau regarda toujours Molière comme un génie unique; et le roi lui demandant un jour quel était le plus rare des plus grands écrivains qui avaient honoré la France pendant son règne, il lui nomma Molière. « Je ne le croyais pas, » répondit le roi : « mais vous vous y connaissez mieux que moi. »

Molière fut, avant tout, pour Louis XIV, le meilleur ordonnateur des fêtes de Versailles; ses pièces qu'il prise le plus sont celles où s'intercalent des ballets et des divertissements, et l'on se souvient du mot du grand roi, rapporté par Grimarest : « J'ai perdu deux hommes que je ne retrouverai jamais : Molière et Lully. » Au reste, la troupe du Palais-Royal ne contribuait pas seule aux plaisirs de la cour : les *Grands Comédiens* y avaient leur part, et même la troupe du Marais et les Italiens.

Nous avons vu le roi vouloir être le parrain d'un des enfants de Molière, c'était un honneur, mais plus prodigué qu'on ne le pense, car on voit parmi les filleuls du roi un fils de l'arlequin Dominique. L'étiquette n'aurait pas permis à Louis XIV d'accorder même à Molière une faveur unique, et c'est la même raison qui doit faire rejeter au rang des légendes l'histoire de l'*en-cas de nuit*. Un matin, voulant venger Molière des dédains des officiers de la chambre qui refusaient de faire le lit du roi avec un comédien, Louis XIV se fit apporter l'en-cas de nuit, ou repas froid qu'on tenait tout préparé, car le roi était un grand mangeur, invita Molière à s'asseoir et lui servit lui-même une aile de poulet, en disant à ses courtisans : « Vous me voyez, Messieurs, occupé à faire manger Molière. »

Fig. 64. — Frontispice de l'acte IV de l'opéra d'*Atys*, de Lully (1676); d'après l'édition de Ch. Ballard (1720).

Telle est l'anecdote, rapportée pour la première fois, en 1823, par M^me^ Campan. M. Despois, dans son *Théâtre sous Louis XIV*, en a, le premier, et très péremptoirement, prouvé l'absurdité. D'ailleurs, une simple remarque y suffirait, c'est qu'on n'en trouve aucune trace dans les documents du temps, si précis, si abondants, si prolixes quand il s'agit du roi, et que, d'autre part, Saint-Simon affirme ceci : « Ailleurs qu'à l'armée, le roi n'a jamais mangé avec aucun homme, en quelque cas que ç'ait été, non pas même avec aucun des princes du sang, qui n'y ont mangé qu'à leurs festins de noces, quand le roi les a voulu faire. » Dans son enfance, au temps de Mazarin, Louis XIV, par plaisanterie, versa deux verres de vin à Scaramouche, qu'on faisait venir pendant ses repas pour le divertir; si seulement pareille faveur avait été faite à Molière, ne se serait-il pas trouvé un contemporain pour le noter?

Les relations du roi et du comédien restent donc ce qu'elles ont dû être : une noble protection qui fut très libérale, sans différer de celle que Louis XIV accordait à tous ceux qui contribuaient à sa gloire ou à ses plaisirs.

La mort de Molière avait amené un démembrement, une désorganisation générale des théâtres de Paris, qui étaient déjà en souffrance depuis la création de l'Académie royale de musique, en vertu d'un privilège accordé à Lully, par lettres patentes de mars 1672. Ce nouveau théâtre de machines, de musique et de danse (fig. 64 et 65), que Lully avait enlevé à l'abbé Perrin et au marquis de Sourdéac, qui en eurent le privilège avant lui, s'était ouvert dans le jeu de paume de Bel-Air, près du jardin du Luxembourg; mais l'éloignement de la salle n'était pas favorable au succès de l'entreprise. Molière mort, Lully se hâta de demander au roi la salle du Palais-Royal, pour y transporter sa nouvelle création. Le théâtre du Marais, où l'on avait représenté de véritables opéras et des pièces à machines, semblait vouloir s'en tenir à ce nouveau genre, et il devait être transporté, rue Mazarine, dans la salle du marquis de Sourdéac. Mais cette salle fut achetée, en secret, moyennant 30,000 livres, avec toutes les décorations qu'elle renfermait; l'acquéreur était la veuve de Molière, qui obtint la permission de faire inscrire : *Théâtre de la troupe du roi,* sur une table de marbre, au fronton de ce théâtre, qui ouvrit le 9 juillet

1673. En même temps, une ordonnance de police défendait aux comédiens du Marais de jouer, soit dans leur ancienne salle, soit dans tout autre quartier de Paris. C'était Lully qui se débarrassait ainsi, au profit de son amie, la veuve de Molière, d'une gênante rivalité.

L'hôtel de Bourgogne, qui avait attiré les meilleurs comédiens

Fig. 65. — Frontispice du 1er acte de l'opéra d'*Armide et Renaud* (1686), de Lully; d'après l'édition de Ch. Ballard (1713).

de la troupe de Molière, pouvait se flatter d'avoir reconquis sa supériorité, et la troupe royale n'avait plus à craindre une comparaison désavantageuse avec la troupe du roi de la rue Mazarine ou Guénégaud (on lui donnait indifféremment l'un ou l'autre nom).

Depuis l'établissement du théâtre de Molière, les confrères de la Passion n'osaient plus, comme autrefois, réclamer contre la moindre infraction à leurs privilèges. C'est ainsi qu'ils étaient restés muets, quand les comédiens de Mademoiselle s'étaient établis, en 1661, dans la rue des Quatre-Vents; quand la troupe du dauphin, composée des petits acteurs de l'organiste Raisin, avait obtenu licence de donner des représentations à la foire Saint-Germain; quand les comédiens espagnols, protégés par la reine, avaient joué, de 1660 à 1672, dans une salle presque toujours déserte. Enfin, la confrérie de la Passion fut supprimée par édit de décembre 1670, et les revenus de cette confrérie, y compris le louage de l'hôtel de Bourgogne, furent attribués à l'hôpital général, pour l'entretien des enfants trouvés.

La comédie n'avait donc plus que deux théâtres à Paris : celui de l'hôtel de Bourgogne et celui de la rue Guénégaud.

Comme la mort de Molière avait fait tomber ses œuvres dans le domaine public, l'hôtel de Bourgogne jouait toutes ses comédies, moins *le Malade imaginaire*, qui n'avait pas encore été imprimé, et cette concurrence faisait baisser les recettes à la rue Guénégaud. En 1674, la part de chaque acteur ne se monte qu'à 2,510 francs 6 sous; l'année 1675 n'est pas meilleure, et ni l'*Iphigénie* de Leclerc et Coras ni la *Phèdre* de Pradon ne remplissent la caisse. Pourtant *l'Inconnu* de Thomas Corneille et son *Festin de Pierre* en vers ramènent soudain le public, en attendant le grand succès d'actualité et de scandale obtenu par *la Devineresse* (1679). Cette pièce où Corneille le jeune et de Visé mettaient en scène les côtés plaisants, les escroqueries, les mystifications de l'histoire récente de la Voisin eut quarante-sept représentations de suite, et rapporta aux auteurs près de 6,000 livres, la moitié plus que n'en avaient valu au grand Corneille *le Cid* et *Polyeucte* ensemble.

Mais ce succès n'eut qu'un temps et, malgré l'acquisition de M^lle de Champmeslé, transfuge de l'hôtel de Bourgogne, la salle de la rue Guénégaud était loin de prospérer lorsqu'eut lieu la jonction des deux théâtres rivaux.

Louis XIV se lassa de pensionner deux troupes qu'il n'appelait presque jamais à Versailles, et qui ne servaient qu'à lui faire regretter davantage la troupe tragique de Floridor et la troupe comique de Molière; il ordonna tout à coup, par déclaration du

Fig. 66. — Michel Boiron dit *Baron* (1653-1729).

25 août 1680, que la troupe de l'hôtel de Bourgogne eût à se fondre avec celle de la rue Guénégaud, de manière à n'en plus former qu'une seule qui jouerait dans ce dernier théâtre. Quant au théâtre de l'hôtel de Bourgogne, il fut réservé exclusivement aux comédiens italiens, qui y continuèrent leurs représentations jusqu'en 1697.

Mais le théâtre de la rue Guénégaud ne subsista pas aussi longtemps : il était de plus abandonné par le public, lorsque le lieutenant de police notifia aux comédiens, de la part du roi, qu'ils eussent à se pourvoir d'une autre salle, celle qu'ils occupaient dans les rues Mazarine et Guénégaud étant trop proche des écoles du collège Mazarin, où l'on se plaignait journellement de ce voisinage, à cause du bruit de la foule et des carrosses qui encombraient les abords du théâtre. Au bout de plusieurs années, et après avoir vainement sollicité le roi de leur venir en aide, ils achetèrent à forfait le jeu de paume de l'Étoile, dans la rue des Fossés-Saint-Germain des Prés, depuis rue de l'Ancienne-Comédie; le nouveau théâtre coûta près de 200,000 livres et fut ouvert le 18 avril 1689, sous le nom de *Comédie-Française.*

Un arrêt du conseil du 1er mars 1699 leur ordonna de donner le sixième de leur recette aux pauvres de l'hôpital général, mais il élevait en même temps le prix des places, qui furent de 3 livres 12 sols sur les banquettes du théâtre, de 36 sols aux secondes loges, et de 18 au parterre. Ce n'était pas trop cher, si l'on a égard au mérite de la nouvelle troupe, au merveilleux assemblage qui réunissait des acteurs tels que Champmeslé et sa femme, Baron (fig. 66), Poisson, Dauvilliers, La Grange, Mmes Beauval et Guérin (la veuve de Molière). Le théâtre prospéra. Son répertoire comprend tous les chefs-d'œuvre du grand siècle, et si la tragédie s'étiole dans l'imitation et la médiocrité, il y eût de belles soirées avec les comédies nouvelles de Dancourt, de Regnard, de Dufresny, de Le Sage.

## CHAPITRE III.

Le théâtre à la fin du règne de Louis XIV. — Mme de Maintenon et les demoiselles de Saint-Cyr. — Recrudescence du goût pour le théâtre sous la régence. — L'Opéra; la Comédie-Française; le Théâtre-Italien; l'Opéra-Comique. — Les comédiens et leurs rapports avec le public. — Le parterre. — Les costumes et décors. — Les théâtres de la foire. — Les théâtres de société.

Au commencement du dix-huitième siècle, le théâtre, du moins la tragédie, subit quelque temps l'influence de la cour, devenue morose et dévote avec Mme de Maintenon. Le roi faisait pénitence des erreurs de sa jeunesse; il expiait avec la veuve de Scarron (l'auteur de *Jodelet* et de *Don Japhet d'Arménie*), laquelle s'était déclarée l'ennemie irréconciliable de la comédie et des comédiens, la passion qu'il avait eue pour le théâtre. Il se refusait absolument à faire représenter devant lui, à Versailles, par la troupe royale, non seulement des pièces nouvelles, tragiques ou comiques, mais encore celles de l'ancien répertoire.

Mme de Maintenon avait pourtant, à deux reprises, offert au roi une sorte de réminiscence des fêtes dramatiques de la cour, en ordonnant à Racine de composer les tragédies d'*Esther* et d'*Athalie* pour les demoiselles de Saint-Cyr (1689 et 1691). C'était peu de chose comme divertissement en comparaison des anciennes tragédies de Racine et des comédies de Molière, jouées naguère par les premiers acteurs des théâtres du Palais-Royal et de l'hôtel de Bourgogne. Mme de Maintenon, qui n'aimait pas à paraître en public, transporta le théâtre chez elle. « Le roi y vit souvent, » rapporte Saint-Simon, « des pièces saintes, comme *Absalon, Athalie,* etc. La duchesse de Bourgogne, le duc d'Orléans, le comte et la comtesse d'Ayen, le jeune comte de Noailles, M^lle^ de Melun faisaient les principaux personnages en habits magnifiques. Le vieux Baron les instruisait et jouait avec eux. »

Dans ces soirées dramatiques, il n'y avait de place que pour quarante spectateurs, aussi soigneusement choisis que l'étaient les pièces. *Polyeucte,* en ce temps de persécution religieuse, semblait dangereux : on le mit en interdit, même à la ville, en se conformant en cela au sentiment de M^me^ de Maintenon, qui avait dit elle-même dans un mémoire adressé au roi : « Il faudrait surtout interdire les spectacles qui donnent une idée de martyre, rien n'étant plus dangereux pour les nouveaux catholiques et même pour les anciens. »

Aussi la tragédie de carême prend-elle ses sujets dans l'Ancien Testament, moins périlleux : c'était *Saül* et *Hérode,* de l'abbé Nadal; *Joseph,* de l'abbé Genest; *Absalon* et *Jonathas,* de Duché. Ne reprit-on pas encore la *Judith* de Boyer, qui se vantait d'avoir découvert le moyen « d'édifier et de divertir en même temps »? Dangeau, irrévérencieux sans le savoir, appelle tout cela des *comédies de dévotion.* Ce mot peint à lui seul l'esprit de la cour à cette époque, mais il ne faudrait pas croire que l'esprit public fût au même ton; jamais la comédie ne se montra plus dévergondée avec les Frontin et les Crispin, devenus les héros et les maîtres de la scène.

A cette époque, Paris n'avait plus que deux théâtres, l'Académie royale de musique et le Théâtre-Français. Les comédiens italiens, qui s'étaient établis à l'hôtel de Bourgogne en 1680 (fig. 67), avaient vu fermer leur salle (fig. 68), par ordre du roi, après la

Fig. 67. — Réouverture du nouveau théâtre de la Comédie-Italienne, restauré après la mort de Dominique, le fameux Arlequin, en 1688. Colombine présente à Mezzetin, chargé de succéder à Arlequin, le masque et la batte, attributs de son nouvel emploi. Dans le fond, on voit la veuve de Dominique pleurant devant le tombeau de son époux. (D'après le *Grand Almanach historique* pour 1689.)

représentation d'une comédie intitulée *la Fausse prude,* où tout le monde avait reconnu M$^{me}$ de Maintenon (mai 1697). Quand ces comédiens allèrent demander au roi la réouverture de leur théâtre, Louis XIV les reçut froidement et les congédia en leur disant :

Fig. 68. — Le départ des comédiens italiens, après la fermeture, par ordre du roi, du théâtre de la Comédie-Italienne, le 4 mai 1697. — D'après une estampe rarissime d'Ant. Watteau. Bibl. de la ville de Paris.

« Vous ne devez pas vous plaindre de ce que le cardinal Mazarin vous a fait quitter votre pays ; vous vîntes en France à pied, et maintenant vous y avez gagné assez de bien pour vous en retourner en carrosse. »

Pendant la fermeture de leur théâtre, laquelle dura une vingtaine d'années, on peut noter, comme trait de mœurs, que l'hôtel de Bourgogne devint le siège de l'administration des loteries qui

Fig. 69. — Représentation aux écriteaux d'*Arlequin, roi de Serendib,* donnée à la foire Saint-Germain (1713); d'après Bonnart.

venaient d'être instituées, dans le but, dit l'édit royal, de procurer aux sujets du roi « un moyen agréable et commode de se faire un revenu sûr et considérable pour le reste de leur vie, et même d'enrichir leur famille en donnant au hasard ». Malheureusement, le retour des comédiens italiens ne devait pas supprimer la loterie, mais seulement la faire changer de local.

Le théâtre du Marais n'existait plus depuis 1673, et les théâtres forains, qui tentèrent plus d'une fois d'ouvrir leurs portes au public, étaient toujours mis en interdit, comme usurpant le privilège de la Comédie-Française. « Ce n'était pourtant pas une concurrence bien redoutable que ce théâtre de la Foire, » fait observer M. Despois. « Il n'était ouvert que peu de temps chaque année, du 3 février jusqu'à la semaine de la Passion, à la foire Saint-Germain (sur l'emplacement du marché actuel) et à la foire Saint-Laurent (dans l'enclos où s'est élevé l'hôpital de La Riboisière). »

En 1709, une troupe de danseurs de corde, dirigée par un Suisse, s'établit sur le terrain dépendant de la vieille abbaye, et, grâce au patronage de l'abbé-cardinal d'Estrées, on la toléra. Ces danseurs imaginèrent de parodier l'*Atrée,* de Crébillon, qu'on jouait alors. « Ils prononçaient avec feu, et en charge, une suite de syllabes sans aucun sens, mais scandées comme des vers alexandrins, en les accompagnant de gestes et de mines par lesquels ils imitaient d'une façon comique les acteurs du Théâtre-Français. » On comprend que cette plaisanterie ne contribua pas à rendre ceux-ci plus tolérants à l'égard des forains, qui, sur leurs plaintes réitérées, reçurent, de par le roi, « ordre de ne plus parler, ni chanter, ni danser ».

Mais le public était pour eux, et ils inventèrent ce qu'on appela les *pièces à la muette.* C'étaient des pantomimes. Prenons pour exemple *Arlequin, roi de Serendib,* une farce que Le Sage n'avait pas dédaigné de composer pour eux (fig. 69). Arlequin paraissait sur la scène, qui représentait le rivage de la mer; il exprimait par geste sa désolation de se voir jeté par un naufrage sur une côte déserte. Aussitôt descendait des frises un rouleau de toile, que

Fig. 70. — Coupe sur toute la hauteur et largeur du théâtre de l'Opéra, construit au Palais-Royal, par Moreau, d'après les dessins de Radel, machiniste de l'Opéra de Paris.

deux petits Amours déployaient à la vue des spectateurs : on y lisait, en gros caractères, un couplet avec indication d'un air connu.

L'orchestre jouait d'abord l'air, et le public entonnait en chœur le couplet, qu'Arlequin mimait avec expression. L'invention eut beaucoup de succès, et les auteurs de talent et d'esprit ne faillirent jamais pour alimenter ce répertoire d'un nouveau genre.

L'exemple du souverain avait suffi pour éloigner des spectacles les courtisans et la noblesse, qui en faisaient naguère leurs délices.

L'Académie royale de musique, qui donnait trois représentations par semaine dans la salle du Palais-Royal, où Lully l'avait installée, conservait toutefois une partie de ses spectateurs ordinaires, appartenant exclusivement aux classes riches, qui pouvaient seules se donner le plaisir coûteux, et chèrement disputé, d'avoir une loge louée à l'année. Cette loge, sur la porte de laquelle on faisait graver son nom en lettres d'or avec des armoiries, quand on en avait, et dont le locataire gardait la clef comme celle de son coffre-fort, cette loge, où se montraient, aux représentations, les hommes en grand habit, les femmes en grande toilette, était une gloriole chère à la vanité financière, car à la fin du spectacle, le suisse du théâtre appelait d'une voix de stentor les *gens* de l'heureux locataire de la loge, en faisant sonner bien haut son nom, ses titres et ses qualités. L'usage était, lorsqu'on ne devait pas assister à la représentation du soir, d'envoyer le matin sa clef de loge à des amis qui en profitaient.

La salle du Palais-Royal ne contenait pas plus de 1,500 spectateurs, et un grand nombre de places, aux galeries et au parterre, étaient occupées gratuitement par des personnes de la maison du roi. Les autres places non louées à l'année suffisaient à peine aux étrangers qui se trouvaient à Paris, et qui n'eussent pas commis la faute d'en partir sans avoir vu l'Opéra. Les recettes n'étaient donc pas aussi élevées qu'on pouvait le croire, en voyant la salle pleine, et le directeur Francine, à qui le roi avait accordé la continuation du privilège de Lully, son beau-père, eut beaucoup de peine à faire face aux dépenses de son administration théâtrale.

Fig. 71. — Coupe transversale de la salle de l'Opéra, construite par Moreau au Palais-Royal, et inaugurée en 1770.

Les dettes s'étant élevées à 300,000 livres en 1712, les créanciers établirent un syndicat, et administrèrent jusqu'en 1721 sous le nom du titulaire de l'ancien privilège.

Ce qu'on allait chercher à l'Académie royale de musique, c'était un spectacle unique au monde, sous le rapport des décors, des machines (fig. 70 et 71) et des costumes. La vieille cour n'y allait jamais, et à peine les princes et les princesses osaient-ils s'y montrer, par extraordinaire et presque à la dérobée. Le duc d'Orléans était le seul qui ne se fît pas faute de suivre les représentations, d'autant mieux qu'il était à Paris plus souvent qu'à Versailles; et malgré le changement survenu dans les habitudes de la cour à l'égard des spectacles, la troupe du Théâtre-Français était en permanence au château de Chantilly, chez les princes de Condé, et au château de Sceaux, chez la duchesse du Maine. Ce théâtre ne semblait pas en décadence, grâce au goût décidé du public pour la tragédie et surtout pour la comédie : il avait de bons acteurs, il donnait beaucoup de pièces nouvelles, dont quelques-unes réussirent avec éclat. C'était la belle époque de Regnard, de Dancourt, de Dufresny et de Boursault; on avait salué d'applaudissements l'apparition d'un grand auteur tragique, Jolyot de Crébillon, et le répertoire si riche et si varié de Corneille, de Racine et de Molière continuait à défrayer les représentations.

Les recettes, toutefois, y étaient toujours médiocres, surtout pendant le carême et à l'époque des grandes fêtes religieuses. Cette situation difficile et précaire changea, aussitôt que le duc d'Orléans eut pris la régence (1715). L'ancienne cour n'alla pas sans doute au théâtre plus qu'elle y allait dans les vingt dernières années du règne de Louis XIV; mais il y avait une jeune cour impatiente de plaisir et ardente à s'y livrer, après une si longue contrainte, après tant de privation et d'ennui.

La régence fit la fortune des théâtres, que la fin du règne précédent avait à peu près ruinés. La foule s'y précipitait, une foule de gens enrichis et avides de jouir de leur richesse subite. La cour du duc d'Orléans donnait l'exemple et le ton : presque tous les soirs, elle venait *en grande loge* ou *en petite loge,* c'est-à-dire en public ou à la dérobée, soit à l'Opéra, soit à la Comédie. Le Théâtre-Français ne fut jamais plus suivi : il eut plusieurs succès éclatants, avec l'*Œdipe* de Voltaire (1718), *les Machabées* de La Motte et le *Cartouche* de Legrand (1721); mais, quelle que fût la réussite des œuvres nouvelles, le nombre des représenta-

Fig. 72 à 75. — Types de comédiens italiens au XVIII^e siècle; d'après Riccoboni.

1. Pierrot. — 2. Mezzetin. — 3. Capitan italien. — 4. Arlequin moderne.

tions en était très restreint. L'ancien répertoire, que les comédiens faisaient repasser tous les ans sous les yeux des habitués de leur théâtre, avait toujours le privilège d'attirer plus de monde dans la salle et plus d'argent dans la caisse.

Dès le début de la régence, le duc d'Orléans avait autorisé le retour des comédiens italiens, qui se réinstallèrent à l'hôtel de Bourgogne (25 avril 1718), et qui retrouvèrent la vogue qu'ils avaient eu le secret de conserver jusqu'à leur expulsion (fig. 72 à 75).

La langue italienne n'étant plus familière à la société d'enrichis et de parvenus, sans lesquels un théâtre ne pouvait pas faire recette, ces comédiens, qui comptaient dans leur troupe plusieurs bons auteurs comiques, tels que Romagnesi (fig. 76), François Biancolelli et Riccoboni, ne tardèrent pas à composer leur répertoire de pièces écrites en français. Ce fut là l'origine de la fortune du théâtre, qui, tout en gardant son titre et son enseigne de *Théâtre-Italien* (fig. 77), fit tour à tour une sérieuse concurrence à l'Opéra, à la Comédie-Française et à l'Opéra-Comique.

Fig. 76. — Romagnesi ; d'après une grav. du temps. XVIII^e s.

Le genre de l'opéra-comique français s'était produit sur les théâtres forains, à la foire Saint-Germain et à la foire Saint-Laurent, dès l'année 1713, en payant un droit de tolérance à l'Académie royale de musique, qui pouvait, toujours en vertu de son privilège, le frapper d'interdiction. Grâce à cet arrangement amiable, le théâtre forain devint le théâtre de l'Opéra-Comique, et sa carrière ne fut pas moins prospère que celle du Théâtre-Italien, à cause des charmantes pièces en vaudevilles, mêlées de danse (fig. 78 à 80), que Le Sage, Dorneval et Fuzelier y firent représenter pendant plus de trente ans.

Le Théâtre-Français, quelle que fût la concurrence de la Comédie-Italienne et du théâtre de l'Opéra-Comique, au point de vue de la vogue et des recettes, était toujours le premier théâtre de la France, parce qu'il représentait toujours l'art dramatique français dans sa plus haute et plus parfaite expression. La troupe de ce théâtre gardait scrupuleusement les traditions du grand art dramatique, et se composait des meilleurs comé-

Fig. 77. — Le Théâtre-Italien; d'après Lancret. XVIIIe siècle.

diens qui fussent capables d'interpréter le répertoire. Ces comédiens, qui s'honoraient de porter le titre de *Comédiens ordinaires du roi,* formaient, comme du temps de Molière, une société autorisée par privilège royal à régir elle-même son théâtre, en décidant, à la pluralité des voix, toutes les questions d'intérêt général; mais la surveillance immédiate des quatre premiers gentilshommes de la chambre du roi devint, vers le milieu du règne de Louis XV, une sorte d'inféodation de la Comédie-Française à ce pouvoir arbitraire qui, jusqu'à la Révolution, dirigea souverainement les affaires intérieures de ce théâtre, ainsi que celles de tous les théâtres de Paris.

Fig. 78 à 80. — Jardinier. — Capitan. — Chasseur. (Costumes tirés des *Nouveaux dessins d'habillements à l'usage des Ballets, Opéras et Comédies*, par Gillot.) XVIIIe siècle.

Le conseil des quatre gentilshommes de la chambre réglait tout, parce que rien ne pouvait se faire dans un théâtre sans leur approbation; non seulement ils servaient d'intermédiaires et d'arbitres entre le public et les acteurs, mais encore ils faisaient exécuter les règlements relatifs à la Comédie, intervenaient dans les différends des comédiens entre eux, accordaient les pensions de retraite, ordonnaient les débuts, contrôlaient la composition des spectacles, et prononçaient quelquefois des condamnations sévères contre tel ou tel acteur qui se trouvait en faute. La comptabilité du théâtre était la seule chose qu'ils laissassent à la discrétion des sociétaires. Outre l'autorité des gentilshommes de la chambre, celle des intendants des Menus, moins impérieuse, mais plus tracassière, se faisait sentir plus particulièrement dans tout ce qui concernait les spectacles de la cour. Ce ne fut qu'en 1789 que les intendants et gentilshommes déposèrent leur pouvoir discrétionnaire entre les mains du maire de Paris.

La condition des comédiens, avant la Révolution, n'était pas à l'abri de l'injustice et du préjugé : on les considérait en général comme des êtres inférieurs, dans l'ordre social. A cet égard, le dix-huitième siècle se montre même plus intolérant que le précédent. Jadis le clergé ne tenait point les comédiens pour des réprouvés, et il semble que ce soit à *Tartufe* que remonte la responsabilité de cette inimitié, dont Molière fut la première victime. En 1660, les comédiens de l'hôtel de Bourgogne, pour célébrer la conclusion de la paix, font chanter à Saint-Sauveur, leur paroisse, dit Loret,

> Un motet, *Te Deum* et messe;

et quand la cérémonie fut achevée, ajoute-t-il, nous tous qui étions là,

> Le curé, prêtres et vicaires,
> Chantres, comédiens et moi,
> Criâmes tous : Vive le roi!

Au siècle suivant, on voit dans les *Réflexions sur le théâtre* de l'abbé de La Tour, quand Crébillon mourut (1762), le curé de Saint-Jean de Latran ayant consenti à faire un service pour lui, ses supérieurs, pour le punir d'avoir reçu les comédiens dans son église, le condamnèrent à 200 livres d'amende et à trois mois de séminaire. D'après les ordres du cardinal de Noailles, archevêque de Paris, les curés refusaient le mariage aux comédiens; singulière façon de les moraliser !

Fig. 81. — Dumirail, en habit de paysan ; d'après Watteau. XVIII^e siècle.

Frappés d'excommunication par l'Église et de répulsion par la société, les comédiens avaient encore à subir toutes les humiliations, toutes les avanies, que le public trouvait bon de leur infliger en plein théâtre, et s'ils avaient l'audace de faire tête à l'orage et de résister aux violences, ils allaient coucher en prison et n'en sortaient qu'à la condition de faire des excuses à ces tyrans du parterre qui les avaient si cruellement insultés. Plusieurs comédiens trouvèrent en eux-mêmes assez de dignité pour se soustraire à cet odieux despotisme, en renonçant au théâtre, après avoir été emprisonnés au For-l'Évêque, leur prison ordinaire,

Fig. 82. — Poisson (Raymond), acteur célèbre de la Comédie-Française, en costume de paysan; d'après Watteau. XVIII^e siècle.

par ordre des gentilshommes de la chambre ou du lieutenant de police. Les comédiens, esclaves du parterre, en butte à sa mauvaise humeur (fig. 81 à 83), n'en étaient pas moins recherchés et flattés par les gens de qualité, qui se plaisaient dans leur compagnie, sans se rendre compte du motif réciproque qui donnait lieu à ces relations intéressées de part et d'autre : « Après avoir commencé par se modeler sur quelques hommes de qualité, » disait Mercier dans son *Tableau de Paris,* « ils donnent ensuite le ton à ces mêmes hommes. J'ai vu tour à tour Grandval (fig. 84),

Fig. 83. — Brizard, célèbre tragédien français (1721-1791).

Bellecour, Molé, faire de nombreux imitateurs, qui répétaient leur tic devant le miroir de nos cheminées. »

La présence des spectateurs sur la scène, où ils se trouvaient sans cesse mêlés aux acteurs, n'avait pas peu contribué à entretenir ces rapports familiers, sinon intimes, entre les gens de qualité et les comédiens. Il y avait de chaque côté de la scène, à la

Comédie-Française, quatre rangées de banquettes, entourées d'une balustrade en fer doré. Dans les représentations extraordinaires, on ajoutait, en avant de la balustrade, une autre rangée de banquettes, et, en outre, le fond du théâtre était occupé par

Fig. 84. — Scène du *Glorieux*, comédie de Destouches ; d'après Lancret. XVIIIe siècle.

*N. B.* — L'acteur placé au milieu est Grandval, chargé du rôle du *Glorieux*.

une cinquantaine de personnes se tenant debout et formant un cercle. On comprend combien un pareil usage était nuisible pour l'effet scénique. Cependant, l'habitude s'opposa longtemps à une réforme dont tout le monde reconnaissait la nécessité, et les jeunes seigneurs, les petits-maîtres continuèrent à venir étaler leur fatuité sur les banquettes de la scène jusqu'en 1759, malgré les innombrables inconvénients qui avaient signalé un pareil abus. Souvent il s'élevait, des banquettes de la scène, un tel brouhaha, que les acteurs ne pouvaient plus se faire entendre du public. C'était dans des circonstances analogues que le grand comédien Baron se tournait vers les spectateurs du théâtre, et leur imposait silence en les regardant fixement et en leur adressant les vers qu'il avait à déclamer dans son rôle.

Il y avait à cette coutume deux raisons, à ce qu'il semble. D'abord, les théâtres étaient petits, ne contenant pas plus de 1,200 à 1,500 places, et encore nombre de spectateurs entraient sans payer, comme presque toutes les personnes attachées à la cour, aux maisons des princes du sang; les 200 spectateurs de la scène, à 5 ou 6 livres la place, apportaient donc à la recette un appoint qui n'était pas à mépriser. La seconde raison, d'un ordre différent, est donnée par un marquis dans une pièce de Regnard, jouée aux Italiens, *la Coquette*. « La scène, dit-il, n'est jamais vide avec moi. — Mais, de bonne foi, monsieur le marquis, croyez-vous que ce soit pour vous voir peigner votre personne, prendre votre tabac, et faire votre carrousel sur le théâtre, que le patron donne ses quinze sous? Que ne vous mettez-vous dans les loges? — Mordi! dans les loges! Oh! je vous baise les mains. Je n'entends pas la comédie dans une loge, comme un sansonnet. Je veux, moi, qu'on me voie de la tête aux pieds; et je ne donne mon écu que pour rouler pendant les entr'actes et voltiger autour des actrices. » Et ceci se débitait sur une scène envahie par les marquis : ils avaient vraiment le ridicule chevillé au corps.

« Il serait difficile, » dit M. Fournel, « d'énumérer en détail tous les inconvénients de cette incroyable coutume : le rétrécissement du théâtre en était venu à ce point qu'à une représentation de l'*Acajou* de Favart (1700), il ne put paraître qu'un seul acteur sur la scène, tant elle était encombrée, et que, lors d'une représentation d'*Athalie* (16 décembre 1739), il fut impossible d'achever la pièce pour la même raison, c'est-à-dire la gêne que la présence de ces messieurs apportait aux gestes, à la marche, aux évolutions, aux attitudes, aux coups de théâtre, à la chaleur de

Fig. 85. — Portrait de Le Kain, dans *Mérope;* d'après Huguier. XVIIIe siècle.

l'action. Il en résultait aussi beaucoup de mesquinerie dans la mise en scène, par l'impossibilité de meubler ou de décorer suffisamment un endroit ainsi couvert par les spectateurs. »

Enfin, grâce aux plaintes réitérées de Voltaire, grâce aussi à la généreuse intervention du comte de Lauraguais, qui donna 12,000 livres aux sociétaires pour les dédommager, les banquettes disparurent de la scène, à la fermeture du théâtre, pendant la quinzaine de Pâques (mai 1759), au grand regret de la jeune noblesse, qui bouda quelque temps la Comédie-Française. On avait remplacé ces banquettes par un parquet, pris sur le parterre et pouvant contenir 180 personnes.

Une gravure de Coypel, annoncée par *le Mercure de France* de 1726, comme « représentant la comédie avec les petits-maîtres sur le théâtre », nous montre quelle était alors la disposition de la salle. M. Despois en donne une description que nous lui empruntons : « La représentation va commencer. La toile est baissée. Deux lustres, remplaçant la lampe, descendent du cintre et reposent sur l'avant-scène : ils semblent porter 10 à 12 bougies chacun, et il n'y a pas d'autre lumière sur l'avant-scène. Le trou du souffleur n'existe point. Il n'y a pas de musiciens à la place où est aujourd'hui l'orchestre : on les plaçait sans doute encore dans une loge, comme au temps où écrivait Chapuzeau. Une grille règne entre le parterre et la scène, à peu près à la hauteur des spectateurs du premier rang. La scène est très petite, et n'a guère plus de trois hauteurs d'homme. Des spectateurs placés sur le théâtre permettent d'en juger : ils sont debout derrière le rideau et l'écartent curieusement à droite et à gauche pour voir ce qui se passe dans la salle; ils sont enfermés dans une double balustrade qui, partant de l'angle du théâtre où descend la toile, fait retour en arrière en décrivant un quart de cercle. »

Le parterre, à cette époque, n'était point encore assis, et dans les représentations qui attiraient du monde, il formait une masse compacte de gens serrés les uns contre les autres et s'étouffant mutuellement. Il fallait sans cesse se hausser sur la pointe des pieds ou chercher entre les têtes un espace libre à la vue, pour voir le jeu des acteurs; il fallait, en même temps, veiller à ses poches, car les filous étaient toujours à leur poste, et chaque spectateur n'avait pas peu de chose à faire pour tenir son manteau, son chapeau, sa canne ou son épée, qu'on ne déposait pas encore au vestiaire. Le silence s'établissait difficilement parmi cette cohue; les querelles et les altercations étaient si fréquentes et parfois si sérieuses, que la police demanda et obtint l'intervention préventive de la force armée. Une rangée de soldats, baïonnette

Fig. 86. — Mlle Clairon, célèbre tragédienne; d'après Schénau (1766).

au bout du fusil, encadrait le parterre, et l'officier qui les commandait avait un pouvoir discrétionnaire pour arrêter ou faire sortir les perturbateurs.

La présence des soldats et des baïonnettes avait totalement modifié l'esprit turbulent du parterre, dont le despotisme s'était exercé si longtemps non seulement contre les comédiens, mais encore contre les spectateurs de la salle. Il conservait pourtant le droit d'exprimer sa désapprobation par des cris, des huées et des sifflets, mais la pièce seule était en cause, ainsi que le talent des comédiens ; dès que l'opposition se prononçait d'une manière décisive contre les siffleurs, dès que le tumulte prenait le caractère

Fig. 87. — Mlle Dumesnil, dans le rôle d'*Athalie*. XVIIIe siècle.

d'un conflit agressif, la police, qui était partout au théâtre plus qu'ailleurs, requérait l'assistance de la garde, opérait des arrestations, et souvent maltraitait ceux qui osaient lui résister. Mercier, dans son *Tableau de Paris,* s'élève avec indignation contre ces procédés de la *soldatesque :* « Le public, disait-il, s'irrite contre l'appareil des armes... Le théâtre semble une prison gardée à vue, mais quand le parterre a fermenté par degrés, il est difficile d'arrêter son explosion. » Le tumulte devenait quelquefois si épouvantable de la salle, qu'on ne pouvait rétablir l'ordre qu'en faisant évacuer la moitié du parterre.

Ces scènes de scandale étaient moins fréquentes à la Comédie-Française que dans les autres théâtres. Une des soirées les plus orageuses qui aient manifesté la tyrannie du public à l'égard des

Fig. 88. — Costume d'Idamé, dans *l'Orphelin de la Chine* (1755), de Voltaire, donné par Sarrazin, costumier ordinaire des princes, et dessiné par Leclerc.

comédiens fut la dernière représentation du *Siège de Calais*, tragédie de du Belloy (15 avril 1765). Tous les acteurs ayant refusé de jouer avec leur camarade Dubois, qu'ils accusaient d'un acte d'indélicatesse, le parterre voulut les forcer, par des cris, des sifflets et des menaces, à paraître en scène avec le malheureux Dubois, et refusa d'entendre un nouvel acteur qui devait remplir le rôle à sa place. Les comédiens persistèrent dans leur résolution de ne pas jouer : après de bruyants pourparlers, la salle fut évacuée, et l'on rendit l'argent. Quant aux récalcitrants, ils furent conduits, le lendemain, au For-l'Évêque, où ils passèrent douze jours : on les faisait sortir chaque soir pour faire leur service au théâtre, et on les ramenait en prison après la représentation. Le Kain, Dauberval, Molé et Mlle Clairon étaient au nombre des prisonniers. Enfin, du Belloy retira du répertoire sa tragédie; le comédien Dubois demanda sa retraite, qui fut réglée sur-le-champ; Mlle Clairon renonça pour toujours au théâtre; Bellecour, au nom de tous ses camarades, fit de très humbles excuses au parterre, qui daigna les accepter, et la paix fut faite (fig. 85 à 87).

Les comédiens, comme les auteurs, avaient ordinairement des auxiliaires utiles dans le parterre. C'étaient d'abord des amis complaisants, des admirateurs de bonne foi, qui se contentaient d'une entrée gratuite. Plus tard, on eut des applaudisseurs à gages, et même, en 1786, des recruteurs militaires, qui s'engageaient, à tant par soirée, pour *soutenir* un acteur ou une pièce. La puissance, la domination des *claqueurs* était, il est vrai, contre-balancée par un groupe assez imposant d'amateurs et de connaisseurs désintéressés, qui se réunissaient dans un coin du parterre. Un soir que Le Kain avait été accueilli plus triomphalement encore qu'à l'ordinaire, il quitta la scène le front soucieux et l'air morose. « Es-tu content? lui dit un camarade. Le public a-t-il assez applaudi? — J'en conviens, répondit-il, mais les applaudissements ne partaient pas du *petit coin.* »

Ce *petit coin* était l'endroit du parterre où se plaçaient les meilleurs juges, les vrais critiques, entre lesquels se trouvaient certains littérateurs assez difficiles à contenter, tels que les chevaliers de Mouhy et de la Morlière, qui avaient le monopole de faire réussir ou de faire tomber les pièces et les acteurs. Cette suprématie du parterre diminua considérablement, lorsque les spectateurs qui le composaient cessèrent d'être debout.

A partir de 1782, l'on établit des bancs au parterre dans toutes les salles de spectacle, hormis en province et à Rouen no-

Fig. 89. — Mme Vestris, dans le rôle d'Irène. Costume dessiné au Théâtre-Français et communiqué à Moreau pour son dessin du couronnement du buste de Voltaire (30 janvier 1778).

tamment, où l'usage d'être debout persista jusqu'en 1848. Cette amélioration si tardive ne fut pas, dit-on, favorable à l'art dramatique : « Le parterre, » écrivait alors Mercier, « n'exerce plus avec vigueur une autorité dont on lui a contesté l'usage, qu'on lui a ravie enfin, de sorte qu'il en est devenu passif. On l'a fait asseoir, et il est tombé dans la léthargie. Aujourd'hui le calme, le silence, l'improbation froide, ont succédé au tumulte. »

Les comédiens du roi n'avaient rien à payer pour le loyer de la salle ni pour l'entretien du théâtre : tous ces frais étaient supportés par l'intendance des menus plaisirs du roi, laquelle payait aussi les décors, qu'on ne renouvelait pas souvent, il est vrai, et une partie des costumes.

Ces costumes, fort riches et très éclatants, étaient bizarres et souvent ridicules, car les comédiens n'avaient aucun souci de leur donner un caractère de vérité historique. Pendant toute la première moitié du dix-huitième siècle, les hommes portent invariablement, pour les tragédies, cet antique habit à la romaine dont nous avons déjà vu la description ; le costume des femmes suivait la mode. Mérope, ainsi qu'Andromaque, fut jouée par Adrienne Lecouvreur en robe de brocart, à paniers, avec mouches et poudre. Déjà, pourtant, il y avait eu quelques tentatives pour se rapprocher de la vérité. En 1742, on représenta *l'Amour castillan* de la Chaussée avec des habits espagnols, ce qui surprit beaucoup. Mme Favart, dans un rôle de villageoise (1753), parut en simple robe de serge, les cheveux plats, au naturel et sans poudre, une petite croix d'or au cou, les bras nus, et en sabots. Cette dernière partie de son costume, il est vrai, prêta beaucoup à la critique; le parterre la considérait comme une innovation de mauvais goût, de nature à rabaisser la majesté de l'art dramatique. Enfin, le 20 août 1755, *l'Orphelin de la Chine,* de Voltaire, fut représenté avec des costumes chinois, tels, du moins, qu'on les connaissait alors.

« L'année 1755, » dit M. Fournel, « peut être considérée comme l'hégire du costume théâtral. Il y avait alors sur la scène deux grands acteurs qui faisaient de leur art l'objet incessant de leurs études, Le Kain et Mlle Clairon. Tous deux furent frappés en

Fig. 90. — Monvel, dans le rôle de Memnon, de la tragédie d'*Irène*. (Même source que la fig. 89.)

même temps de ces anachronismes bouffons, acceptés par leurs camarades, et résolurent de les combattre sans merci.

« Le Kain commença à exécuter son projet par le rôle d'Oreste, dans *Andromaque.* Il dessina lui-même son habillement, et ce fut un grand événement dans les coulisses, quand le tailleur lui apporta cet habit, bien éloigné de tout ce à quoi l'on était accoutumé. Néanmoins, l'impression fut bonne, en général : « Ah! qu'il est beau ! » s'écria Dauberval ; « le premier habit romain dont j'aurai besoin, je me le ferai faire à la grecque. » Sans influer autant que Le Kain sur cet heureux changement, M^lle^ Clairon y contribua beaucoup pour sa part. Marmontel nous a raconté dans ses *Mémoires* comment elle joua pour la première fois Roxane sans paniers, les bras nus ; comment, dans *Electre* de Crébillon, elle parut en simple habit d'esclave, échevelée, les mains chargées de chaînes. Il y eut là une véritable révolution théâtrale. »

Du moins, elle y était en germe, car ces hardiesses se mêlaient à de singulières timidités. Quand une époque avait un costume peu seyant, on le modernisait ; M^lle^ Dumesnil, M^me^ Vestris, et bien d'autres portaient encore des paniers dans *Athalie* et dans *Irène* (fig. 87 et 89) ; Le Kain, dans le rôle d'Oreste, roulait toujours entre ses doigts un petit chapeau garni de plumes à l'espagnole. Ajoutons qu'une absolue exactitude est impossible et qu'une recherche trop minutieuse de détails peut être fatale à l'art dramatique lui-même en faisant prendre au public l'accessoire pour le principal.

A la suite de la demi-réforme du costume, on donna plus d'ampleur à la mise en scène. On multiplia les gardes et soldats qui suivent les héros tragiques ; on dressa les comparses ; on exécuta les coups de théâtre avec plus de précision. Après la suppression des banquettes que nous avons racontée, un champ plus large encore fut ouvert à la décoration. En 1762, la Comédie-Française, férue d'innovations, s'avisa « de mettre le dénouement d'*Iphigénie* en action, au lieu de le faire raconter par Ulysse. Cette idée singulière ne réussit point, et ce ne fut pas la seule fois e le désir d'allécher le public fit tenter des entreprises

Fig. 91. — Incendie de l'Opéra (Palais-Royal) en 1763. D'après *Paris à travers les âges.*

: ce genre : il est rare qu'elles aient été plus heureuses. »

Pour être plus brillante, la mise en scène n'en étale pas

moins de singuliers anachronismes. Ainsi l'on vit, en 1768, *Brutus* représenté dans un temple grec, et les soldats mexicains qui paraissaient dans *Zuma,* tragédie de Marmontel, étaient armés de fusils à baïonnette.

Beaumarchais, qui tenait beaucoup à une mise en scène exacte, qui note minutieusement les gestes et les jeux de physionomie de ses personnages, essaya de faire relier entre elles les diverses parties de ses pièces en remplissant les entr'actes : « L'action théâtrale ne se reposant jamais, » dit-il dans la préface d'*Eugénie,* « j'ai pensé qu'on pouvait essayer de lier un acte à celui qui le suit par une action pantomime qui soutiendrait, sans la fatiguer, l'attention des spectateurs, et indiquerait ce qui se passe derrière la scène pendant l'entr'acte. Tout ce qui tend à donner de la vérité est précieux dans un drame sérieux, et l'illusion tend plutôt aux petites choses qu'aux grandes. » Cela est juste, mais si l'action théâtrale ne se repose jamais, il n'en est pas de même des spectateurs, qui ne soutiendraient pas, sans intervalles, trois heures de spectacle.

Avant, comme après la réforme du costume, le grand et le seul luxe au théâtre est dans l'habillement des comédiens. Le Kain avait dépensé 55,000 livres pour sa garde-robe tragique, qui fut vendue 6,000 à sa mort; celle de Bellecour, qui avait coûté plus de 30,000 francs, n'en produisit que 4,200 à la vente après décès de ce comédien. On s'explique pourquoi les costumes de théâtre avaient besoin d'être rehaussés de clinquant et composés d'étoffes de couleurs vives : la scène était relativement sombre et mal éclairée par de grosses chandelles de suif, qu'un valet de coulisses venait moucher pendant les entr'actes.

On était alors tellement habitué à l'apparition périodique de ce moucheur de chandelles, que les spectateurs n'y faisaient plus attention. Ce n'est qu'en 1784 que les chandelles furent remplacées par des bougies et par des lampes à huile. Cette réforme, récla-

Fig. 92. — Incendie de l'Opéra (Palais-Royal) en 1781. D'après *Paris à travers les âges.*

mée depuis longtemps, coïncida naturellement avec l'augmentation du prix des places, la plus importante qui ait eu lieu au dix-huitième siècle. En 1699, la place de parterre coûtait 18 sous à la Comédie-Française : le prix resta fixé à 20 sous jusqu'en 1782; l'orchestre et les premières loges coûtaient 4 livres par place; l'amphithéâtre et les secondes, 2 livres; mais en 1782, le prix du parterre fut porté à 48 sous, celui de l'orchestre et des premières loges à 6 livres, mais ces prix ne furent plus augmentés arbitrairement aux premières représentations des pièces nouvelles.

Les réformes et les changements administratifs avaient été beaucoup plus sérieux et plus fréquents à l'Académie royale de musique, qui, pendant le cours du dix-huitième siècle, dut subir plusieurs transformations successives, résultant de l'accroissement des dépenses et des dettes, ainsi que des révolutions de l'art musical. Ce grand théâtre, quoique régi en vertu d'un privilège, était toujours sous la surveillance absolue de la maison du roi; mais, comme les recettes restaient invariablement au-dessous des frais, il avait fallu que le déficit fût à diverses reprises comblé par le trésor. On choisissait de préférence des financiers, pour leur confier la régie de l'Opéra, en vue des frais énormes qui leur incombaient : les plus riches et les plus audacieux demandaient toujours à se retirer au bout de quelques années, afin de n'être pas entraînés dans une ruine inévitable. Voilà comment l'ancien traitant Claude Gruer remplaça le musicien Destouches, qui régissait le théâtre au nom de Sa Majesté (1730). Gruer fut destitué l'année suivante, et l'on vit se succéder, dans cette régie difficile, Lecomte (1731), sous-fermier des aides; Thuret (1733), ancien capitaine au régiment de Picardie; Rebel et Francœur (1744), surintendants de la musique de la chambre du roi. Chacune de ces administrations avait grevé de 4 à 500,000 livres le passif, qui montait à plusieurs millions et qui n'était jamais entièrement liquidé.

En 1749, l'Opéra fut remis à perpétuité au bureau de la ville de Paris, et le prévôt des marchands dut exercer en personne les fonctions de directeur. On comprend qu'il ne tarda pas à se dégoûter d'une mission qui convenait peu à la gravité de sa charge : il afferma donc pour trente ans, aux anciens directeurs Rebel et

Fig. 93. — L'Opéra (bâti en 1781); salle provisoire occupée depuis 1802 par le théâtre de la Porte Saint-Martin.

Francœur, le théâtre qu'ils avaient assez mal administré au nom du roi. Le corps de ville se vit, en 1767, obligé d'en reprendre la régie, et de la confier successivement à différents directeurs, qui se ruinèrent les uns après les autres dans cette exploitation, dont la ville supportait les principales dépenses. Deux incendies (1763 et 1781), qui détruisirent de fond en comble l'ancienne salle du Palais-Royal et la nouvelle, avaient à peine interrompu les représentations lyriques, qui semblaient indispensables à la splendeur et à la prospérité de la capitale (fig. 91 et 92).

Les désastres financiers qui accompagnaient l'administration de l'Académie royale n'eurent aucune influence sur les destinées du théâtre, où la musique et la danse trouvaient toujours le même accueil enthousiaste. Dans la nouvelle salle du Palais-Royal

Fig. 94 à 96. — Costumes de Junon, de Roi et d'Heure de la nuit au XVIII<sup>e</sup> siècle; d'après Gillot.

(1770), Gluck et Piccini se partagèrent les succès de la scène lyrique, et Noverre modifia entièrement le genre des ballets. En outre, l'opéra *seria-buffa,* dont les représentations alternaient trois fois la semaine avec celles de l'opéra français, initiait le public parisien aux beautés de la musique italienne. Quand, à la suite de l'incendie de 1781, le théâtre fut transporté au boulevard Saint-Martin, dans une salle provisoire construite en soixante-cinq jours (fig. 93), on y exécuta tour à tour les chefs-d'œuvre de la musique française, allemande et italienne : Grétry, Piccini, Sacchini, Salieri, se disputaient le répertoire, et Gardel était le maître de ballets par excellence. Les talents admirables des artistes du chant, de Sophie Arnould et de Rosalie Levasseur, de Larrivée et de

Fig. 97. — Pas de deux par Dauberval et Mlle Allard, dans l'opéra de *Sylvie* (1766); d'après Carmontelle.

Legros, furent secondés, sinon éclipsés, par ceux de Laïs, de Chardini et de Saint-Huberty.

A cette époque, les frais de l'exploitation avaient atteint un chiffre deux fois plus considérable qu'il ne l'était au milieu du siècle ; car ces frais ne s'élevaient pas à plus de 400,000 livres en 1760, et les recettes auraient alors suffi pour couvrir cette somme, sans l'affreux gaspillage attaché à l'administration d'un théâtre qui cachait, pour ainsi dire, un abîme sous des fleurs. Le personnel, qui se composait, en 1760, de 160 personnes, tant acteurs et actrices, danseurs et danseuses (fig. 94 à 99), symphonistes et

Fig. 98. — Costume de Neptune; d'après Martin.

Fig. 99. — Costume d'Africain dans *Aline, reine de Golconde*; d'après Martin.

musiciens qu'inspecteurs, employés et commis de toute espèce, avait plus que doublé vingt ans plus tard, et encore n'y comptait-on pas les jeunes élèves du chant et de la danse, qui suivaient les cours des deux écoles du magasin de l'Opéra; ces élèves eurent, sous Louis XVI, une jolie salle de spectacle, située sur le boulevard du Temple (fig. 100).

Les trois grands théâtres de Paris, l'Académie royale de musique, la Comédie-Française et le Théâtre-Italien, s'opposèrent aussi longtemps que possible à la création de nouvelles entreprises dramatiques. Ils avaient réussi trois fois (1718, 1745 et 1762) à faire supprimer le privilège de l'Opéra-Comique, pour pu-

Fig. 100. — Le boulevard du Temple vers 1785, avec l'ancien théâtre des élèves de l'Opéra.

nir de ses succès ce théâtre, qui avait rapidement conquis la faveur du public.

Enfin, l'Opéra-Comique était réuni au Théâtre-Italien, quand Audinot et Nicolet obtinrent chacun un privilège, grâce à de puissantes protections, pour fonder deux spectacles, l'un à la foire Saint-Germain, l'autre à la foire Saint-Laurent. Ces deux petits théâtres attirèrent beaucoup de monde, par la folie des pièces qu'on y représentait, et par la belle humeur des comédiens qui jouaient ces pièces, mêlées de chant et de danses. Le meilleur acteur de Nicolet était un singe, un vrai singe, qui divertissait tout Paris par ses tours, ses grimaces et sa gentillesse. Nicolet gagna, avec son singe, de quoi faire bâtir une salle sur le boulevard du Temple (1765), qui devint rapidement un centre de plaisirs pour les Parisiens, et la vogue l'y suivit (fig. 100). Louis XV lui-même daigna servir de parrain à ce théâtre, qui prit, en 1772, le titre de *Spectacle des grands danseurs du roi,* qu'il échangea, en 1792, contre celui de *théâtre de la Gaieté.* Audinot, qui s'était enrichi à la foire Saint-Germain, transporta aussi sur le boulevard du Temple son petit spectacle, qui fut appelé l'*Ambigu comique,* et dont les comédies-vaudevilles étaient jouées par des enfants.

La construction, par l'architecte Louis, d'une nouvelle salle du Palais-Royal, destinée d'abord à recevoir l'Opéra incendié en 1781, donna naissance (après que l'Opéra eut été installé Porte Saint-Martin) au théâtre des *Variétés amusantes* (fig. 101), dont le privilège, concédé à Dorfeuille et Gaillard, n'excluait que la tragédie et la comédie à ariettes, et où la foule se porta pendant trois ou quatre cents soirées, pour applaudir l'incomparable Volange dans ses rôles des *Pointus* et de *Jeannot* (fig. 102).

La passion du théâtre était plus que jamais populaire en France : toutes les grandes villes de province avaient des scènes comparables à celles de la capitale, et l'on y représentait souvent des pièces composés par des auteurs du pays et de la ville même. Bordeaux faisait bâtir par Louis une salle de spectacle plus vaste et plus magnifique que toutes celles de Paris; elle coûta deux millions et demi de francs, et fut inaugurée, le 7 avril 1780, par une représentation d'*Athalie.* Il y avait, en outre, des troupes am-

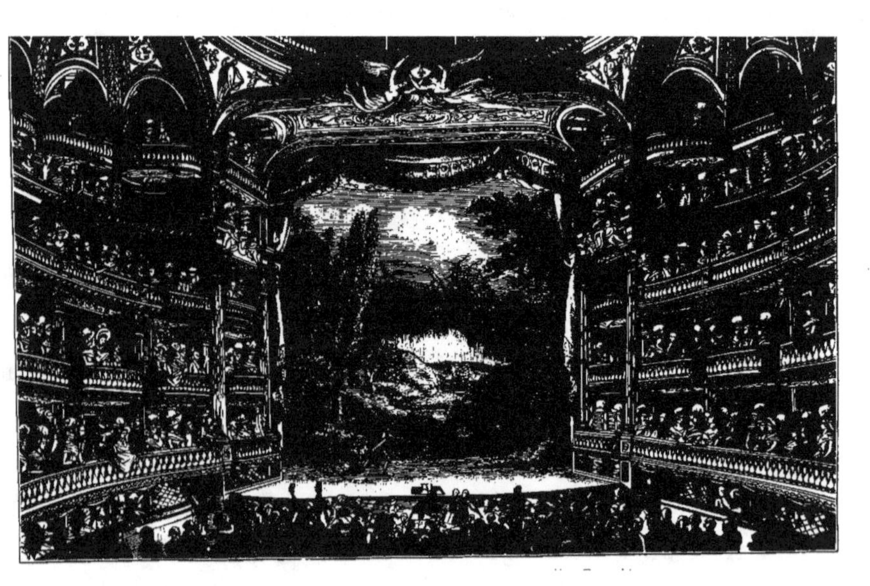

bulantes, comme à l'époque de Molière, pour jouer dans les petites villes qui n'avaient pas de théâtre local. Ces troupes formaient d'excellents sujets, qui, après avoir acquis une réputation nomade, venaient la fixer sur quelques-uns des théâtres de Paris. Tous les ans, pendant la quinzaine de Pâques, le café de la rue des Boucheries était le rendez-vous général des artistes à la recherche d'un engagement. Les théâtres, en se multipliant partout, avaient multiplié aussi les spectateurs, qui faisaient leur fortune. Toutes les salles de spectacle, aux approches de la Révolution, étaient pleines d'une foule joyeuse, avide d'émotions dramatiques et préférant à tous les plaisirs celui du théâtre.

Cette disposition de l'esprit français n'était pas nouvelle : on peut dire qu'elle avait été préparée et favorisée par ces théâtres de société qui, pendant le dix-huitième siècle, avaient fait l'occupation et l'amusement de toutes les classes. L'origine de ce goût, presque général vers 1750, était venue, sinon du penchant national, peut-être des collèges, où les jésuites avaient dressé leurs élèves à jouer des rôles tragiques dans des représentations qui ne pouvaient qu'inspirer à ces jeunes gens le goût de la scène.

Après la régence, on vit s'établir des théâtres de société chez tous les grands financiers, chez les riches amateurs, chez les bourgeois lettrés. Louis XV, nonobstant son caractère sérieux et son humeur morose, se laissa persuader de créer à Versailles le théâtre des Petits Appartements (fig. 103), et il eut la faiblesse d'y accepter des rôles, où il ne fit qu'établir l'insuffisance de son talent de comédien (1747-51).

Parmi les plus célèbres de ces petits théâtres, on doit un souvenir à ceux du maréchal de Richelieu, à l'hôtel des Menus, du duc de Gramont, de la duchesse de Noailles, de la comtesse de Montesson, de M^me^ de Genlis, de la duchesse de Mazarin, du prince de Marsan, de Mlle Guimard, à Pantin et rue de la Chaussée-d'Antin, de Voltaire, à Ferney et rue Traversière.

Sur le théâtre du duc d'Orléans, à Bagnolet, les acteurs les plus applaudis étaient : M. de Ségur, le comte d'Onesan, le vicomte de

Fig. 102. — Volange, rôle de Jeannot, dans *les Battus payent l'amende;* d'après Wille fils.

Gand, le duc d'Orléans lui-même qui, à l'encontre de l'usage du temps, se faisait remarquer par le naturel de son débit et de ses gestes; du côté des actrices, c'étaient Mmes de Montesson, de Lamarck et de Genlis. Il y avait là, paraît-il, une réunion de talents à rivaliser avec la Comédie-Française, et qui ne fut pas sans influence sur l'art des comédiens, soit pour la diction, soit pour le costume. A la fin du règne de Louis XVI, il y avait à Paris plus de deux cents théâtres de société.

La reine Marie-Antoinette ne fut pas exempte de cette espèce de vertige : elle aimait à se faire applaudir, par le roi, dans la

Fig. 103. — Mme de Pompadour et le duc de Nivernais, dans *l'Oracle*. D'après la scène dessinée et gravée par Cochin.

comédie et l'opéra-comique; elle fit construire la jolie salle de Trianon, et y joua *le Barbier de Séville*, de Beaumarchais; elle se promettait même de jouer le rôle de Suzanne dans *le Mariage de Figaro*, après avoir fait lire, devant le roi, par Mme Campan, ce chef-d'œuvre redoutable, qui fut comme un des signes précurseurs de la Révolution.

# LA MUSIQUE.

## CHAPITRE PREMIER.

La musique au quatrième siècle. — Plain-chant de saint Ambroise. — Musique des peuples du Nord. — Réforme de saint Grégoire. — Musique religieuse et nationale sous les rois francs. — Neumes et anciennes notations. — La gamme inventée par Guy d'Arezzo. — Diaphonie et déchant. — Ménestrels et trouvères. — Confrérie des ménétriers à Paris. — Musique dramatique. — Hrosvitha et Adam de la Halle. — Musiciens aux quatorzième et quinzième siècles. — René d'Anjou et autres princes musiciens. — Imprimeurs de musique à la cour des Valois. — Musique de ballet.

LA musique grecque, naturalisée de bonne heure dans l'ancienne Rome, qui n'avait pas de musique nationale, était appropriée, du temps des empereurs, à tous les usages de la vie publique et privée, civile et religieuse (fig. 104). L'art était resté grec, les chanteurs et les compositeurs, pour la plupart, venaient de Grèce, afin de se mettre à la solde des riches patriciens.

Après le triomphe des chrétiens, il ne subsista plus qu'une espèce de plain-chant, emprunté à la mélopée grave et monotone des hymnes sacrés du paganisme, et qui devient l'accessoire obligé de l'exercice public de la religion nouvelle; il était sans doute livré à tous les caprices, à toutes les ignorances du clergé et des fidèles, qui n'avaient aucune notion d'un art tombé en désuétude. Le pape Sylvestre Ier (330) avait été tellement frappé de son insuffisance, qu'il fonda des écoles de chant à Rome et dans plusieurs villes, où le culte catholique était déjà en honneur. Les clercs apprirent aussi à être chantres (*cantores*), avant de se faire ordonner prêtres.

Ces écoles se multiplièrent partout et furent bientôt inséparables des grandes cathédrales. Saint Ambroise, évêque de Milan, qui voulait déployer dans son église toute la pompe du christianisme, régla lui-même la tonalité du chant ecclésiastique, ainsi que le

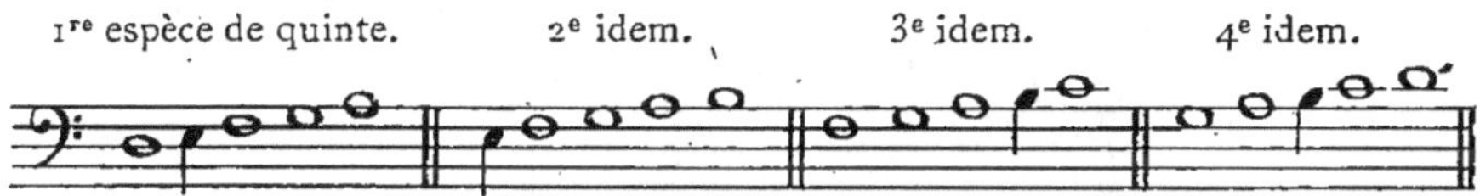


mode d'exécution des hymnes, des psaumes et des antiennes. Il simplifia donc l'enseignement dans l'école des chantres, en supprimant les trois systèmes grave, médiocre et aigu, et en remplaçant tous les modes par des échelles de quatre tons principaux, qui représentaient les anciens modes de la musique grecque : dorien, phrygien, éolien et mixolydien.

A cette époque reculée, le chant ecclésiastique n'existait, et encore à l'état d'enfance, que dans un petit nombre de diocèses. Ce fut le pape Damase qui introduisit à Rome, en 371, l'usage de chanter les psaumes, qui étaient auparavant récités à haute voix par les fidèles. On est fondé à croire que ces premiers essais de plain-chant se perfectionnèrent et se multiplièrent, mais lentement et non sans difficultés, car les invasions des barbares se succédaient l'une à l'autre dans l'Europe occidentale et faisaient obstacle aux solennités du culte nouveau. Suivant Grégoire de Tours, le baptême de Clovis dans l'église de Reims fut accompagné d'une si belle musique (fig. 105) que le royal catéchumène en garda une vive impression, de telle sorte que, plus tard, en signant un traité de paix avec Théodoric, roi des Ostrogoths, il exigea que ce prince lui envoyât d'Italie un corps de chanteurs et un bon joueur de cithare.

Il y avait, dès cette époque, chez les Francs comme chez les autres peuples envahisseurs et conquérants, surtout chez ceux

Fig. 104. — Joueur de flûte accompagnant le chant des prêtres, pendant un sacrifice chez les Romains. D'après un bas-relief antique.

qui venaient du Nord, Celtes, Welches, Danois, etc., une musique vulgaire, remontant à la plus haute antiquité, sorte d'harmonie grossière et sauvage que formait naturellement l'accord des voix avec les instruments à cordes, tels que la harpe et la crotte ou *crowth*, dont les bardes gaulois se servaient avec une merveilleuse habileté. Cette musique à sons simultanés accompagnait ordinairement d'anciens chants nationaux, empreints d'un profond caractère de tristesse ou de mélancolie vague; le mouvement de ces chants était toujours lent et uniforme, et leur échelle musicale semble avoir été faite pour le mode mineur. Le mouvement vif et le mode majeur devaient être réservés pour les chants de

Fig. 105 — Orgue pneumatique. D'après un monument sculpté de l'époque gallo-romaine, conservé au musée d'Arles.

guerre, de table et de danse. Cette musique-là, que les hordes du Nord apportaient avec elles dans les contrées où elles s'établissaient en se mêlant aux races indigènes, resta longtemps populaire, sans faire aucun progrès au point de vue de l'art et sans reconnaître l'utilité de règles fixes et savantes.

La musique religieuse, au contraire, tendait à redevenir une science méthodique, comme la musique grecque, depuis que le pape Grégoire Ier avait inauguré sa réforme musicale (599), en rassemblant des fragments de mélodies de l'Église primitive, pour en former l'antiphonaire, et en modifiant les quatre échelles tonales de saint Ambroise. Il divisa donc ces quatre échelles en huit, de manière que l'échelle générale des sons contenus dans les huit tons s'étendît depuis le *la* grave jusqu'au *sol* de la seconde octave. Il se servit de la vieille notation latine pour représenter les sons, et il employa, selon Fétis, les sept premières lettres de l'alphabet romain, en caractères majuscules et minuscules, comme signes des deux octaves. Voici quel était l'ensemble de cette notation :

*La*, *si*, *ut*, *ré*, *mi*, *fa*, *sol*, *la*, *si*, *ut*, *ré*, *mi*, *fa*, *sol*.
A, B, C, D, E, F, G, a, b, c, d, e, f, g.

a b c
A B C D E F G a b c d e f g a b c

Le chant ecclésiastique, exécuté dans les églises par les voix du clergé auxquelles se mêlaient à divers intervalles toutes les voix de l'assistance, fut toujours soutenu alternativement par des instruments à vent, à percussion et à cordes, c'est-à-dire les trompettes, les orgues et les harpes (fig. 106 et 107); mais la principale harmonie de la musique religieuse résultait de la mesure et du rythme des vers rimés, qui composaient les hymnes de l'antiphonaire. Ainsi, le roi Chilpéric Ier, qui se piquait d'être aussi bon poète que bon musicien, avait ajouté quatre lettres à l'alphabet, pour faciliter la rime et adoucir le chant. Tous les princes mérovingiens furent, comme lui, passionnés pour la musique vocale et instrumentale. Au baptême de Clotaire II, fils de Chilpéric, son oncle Gontran, roi de Bourgogne, avait convoqué dans la ville d'Orléans un grand nombre d'évêques, qui arrivèrent escortés de leurs chantres et de leurs musiciens, pour donner plus de splendeur à la cérémonie. Dagobert Ier répudia la reine Gomatrude pour épouser Nanthilde, dont la belle voix l'avait charmé un jour qu'il l'avait entendue chanter vêpres dans une abbaye.

La musique d'église trouva des protecteurs encore plus généreux chez les rois de la race carlovingienne. Il est à peu près certain que Pepin fut le premier roi de France qui ait eu un corps de musique attaché au service permanent de sa chapelle, et placé sous la direction d'un maître ou ministre (*minister*), qu'on appela *menestreux* ou *menestrier* dans la langue du onzième siècle.

Le mode ambrosien, très altéré certainement par des superfétations barbares, s'était maintenu dans les offices de l'Église des Gaules, et Charlemagne, qui prétendait être lui-même le maître de sa chapelle, avait cru devoir d'abord le défendre; il l'abandonna ensuite comme tout à fait inférieur et insuffisant, et emmena, en quittant Rome, un certain nombre de chantres italiens qu'il attacha spécialement à la cathédrale de Tours, pour y former une école de plain-chant, où l'on suivit dès lors la méthode de saint Grégoire (787). C'est ainsi, comme le dit la chronique du moine d'Angoulême, que les chantres romains apprirent aux chantres français l'art d'*organiser*, c'est-à-dire de mêler symphoniquement les sons des instruments et des voix, car ce qu'on nommait l'*organum* n'était autre qu'un chant composé de symphonies et destiné à imiter les différents jeux de l'orgue. On enseignait la musique dans l'école du palais de Charlemagne, mais scolastiquement, et comme une des branches de l'arithmétique; on ne la professait d'une manière pratique que dans l'école cathédrale de Tours.

On peut affirmer que la musique à sons mesurés existait

réellement dès ce temps-là; nous en avons le témoignage de Jean Scot Érigène, qui fut un des maîtres de l'école palatine, sous Charles le Chauve : « Un chant organique, dit-il, est composé de quantités et de qualités qui semblent incohérentes et insociables lorsqu'on les juge séparément, et qui cependant peuvent s'adapter l'une à l'autre et s'associer ensemble selon les règles de

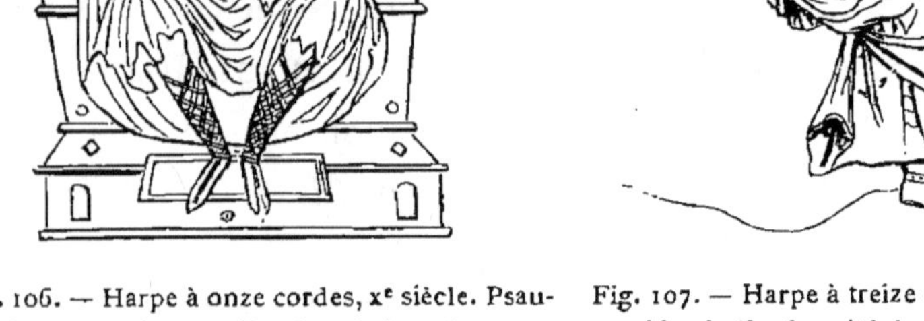

Fig. 106. — Harpe à onze cordes, xe siècle. Psautier saxon. Ms. du Muséum britannique.

Fig. 107. — Harpe à treize cordes, xe siècle. Ms. de l'université de Cambridge.

l'art musical, de manière à produire à l'oreille un certain charme naturel. »

Ce passage, que plusieurs savants ont interprété d'une façon différente, nous paraît se rapporter surtout à la musique vulgaire, dont la mesure et le rythme étaient les principaux éléments. Cette musique vulgaire ou profane, qui avait été la véritable musique nationale des peuples barbares, se trouvait en lutte plutôt qu'en concurrence avec la musique ecclésiastique, qui finit par régner seule et sans rivale, car l'autorité civile lui était venue en aide, par l'interdiction des anciens chants consacrés à l'amour, à la danse et aux festins. C'est à peine si l'on fit grâce aux chants guerriers, destinés à perpétuer la mémoire des faits d'armes et des événements historiques. Charlemagne avait fait recueillir ces anciens chants, qui, malheureusement, ne sont pas venus jusqu'à

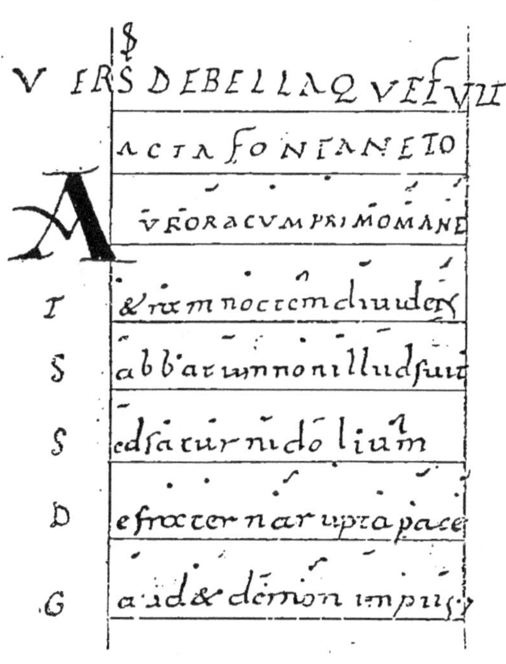

Fig. 108. — Première strophe du chant populaire sur la bataille de Fontanet, en Bourgogne. IXe siècle. Ms. de la Bibl. nat.

nous. On n'en connaît qu'un seul d'une époque antérieure : c'est celui qui fut composé en prose cadencée et rimée, à l'occasion d'une victoire remportée par les Saxons (622).

Il faut citer, parmi les chants historiques qui ont été découverts, avec leur musique originale, dans des manuscrits du neuvième siècle, le chant sur la bataille de Fontanet ou de Fontenailles en 841, composé par un Franc nommé Angilbert (fig. 108);

le chant sur la mort d'Éric de Frioul, en 799, attribué à Paulin, patriarche d'Aquilée, qui mourut à la fin du neuvième siècle; la complainte sur la mort de Charlemagne, que l'on peut attribuer à un moine contemporain, nommé Colomban (fig. 109), et quelques autres complaintes de la même époque. Dans ces mélodies, suivant l'examen approfondi de Coussemaker, la tonalité se rapproche beaucoup de celle de la musique moderne,

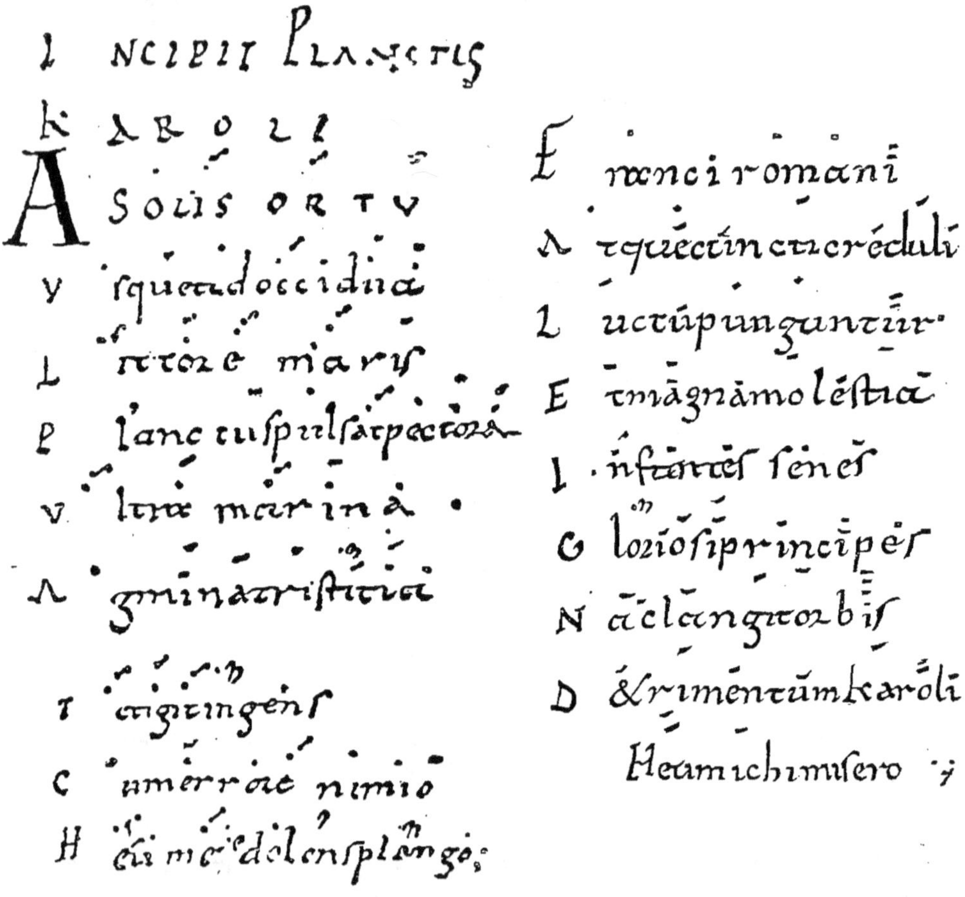

Fig. 109. — Complainte composée peu de temps après la mort de Charlemagne, probablement vers 814 ou 815, et attribuée à Colomban, abbé de Saint-Tron. Ms. de la Bibl. nat.

« qui n'a, à proprement parler, qu'un ton, dit-il, car le ton majeur ne diffère du mineur que par la tierce, qui est majeure dans l'un et mineure dans l'autre. Il en résulte encore que, par une sorte de loi attractive inhérente à la disposition des sons de cette gamme, l'oreille appelle le repos de la mélodie sur certaines notes. » Nous avons aussi, de cette époque et peut-être d'une époque antérieure, quelques airs de musique vulgaire composés sur les odes d'Horace, qui se chantaient encore au dixième siècle, comme du temps des césars de Rome; et, dans ces airs, les longues et les brèves de la poésie latine sont presque toujours accusées par la mélodie.

La notation musicale employée par saint Grégoire pour les chants d'église ne se composait pas seulement des sept premières lettres de l'alphabet, en deux sortes de caractères; on lui attribue, en outre, l'invention des *neumes*, signes qui étaient en usage dans toute l'Europe jusqu'à la fin du douzième siècle, malgré l'emploi simultané des majuscules, et qui sont restés des espèces d'hiéroglyphes musicaux, en dépit de plusieurs ingénieux essais d'interprétation tentés avec plus ou moins de succès par beaucoup de savants distingués, et en dernier lieu par Fétis, dans son *Histoire générale de la Musique*. Si les neumes ne furent pas employés avant le milieu du septième siècle, ils seraient, par conséquent, postérieurs à la mort de Grégoire Ier (604) (fig. 110).

Ces signes musicaux ont été incontestablement imités des signes graphiques qui formaient chez les Romains une écriture abréviative désignée sous le nom de *notæ romanæ*, ou notes tironiennes, parce qu'on attribue à un nommé Tiron, affranchi et secrétaire de Cicéron, le perfectionnement de cette écriture mystérieuse. La principale difficulté qui s'oppose à l'explication régulière des neumes résulte de leur variété infinie; car les neumes, dans l'espace

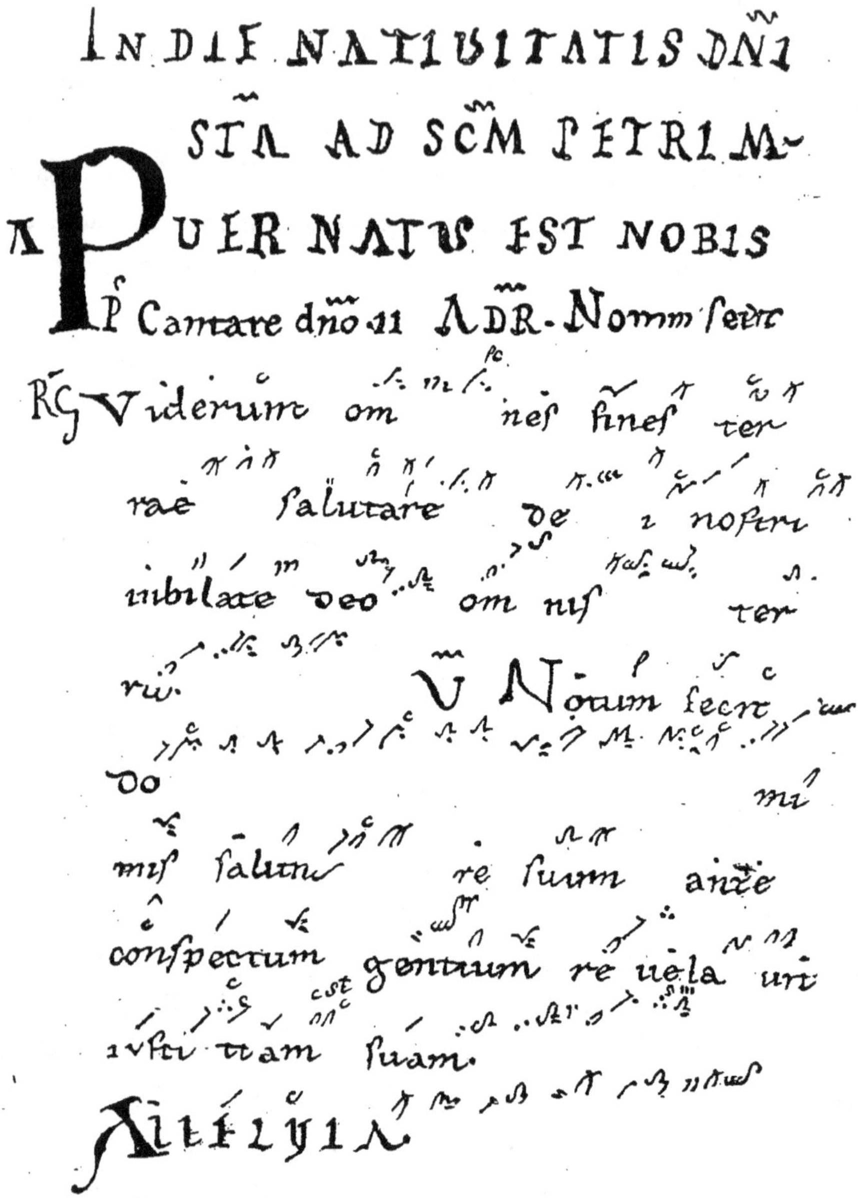

Fig. 110. — Fac-similé de chant grégorien avec l'ancienne notation. D'après l'*Antiphonaire de saint Grégoire*, ms. de Saint-Gall, daté de l'an 790.

de cinq siècles, ont subi d'incroyables métamorphoses, selon les temps, selon les pays et selon les systèmes particuliers des musiciens (fig. 111 et 112). D'après l'opinion de Coussemaker, les signes en forme de virgules, de points, de traits couchés ou horizontaux, représentaient les sons; les signes en forme de crochets ou de traits contournés et liés représentaient des groupes de sons, composés d'intervalles divers.

La notation en neumes n'était peut-être pas aussi défectueuse qu'on l'a cru longtemps; elle avait sur la notation en lettres l'avan-

*Eptaphonus. Strophicus. Punctum. Porrectus. Oriscus.*

*Virgula. Cephalicus. Clivis. Quilisma. Podatus.*

*Scandicus et salicus. Climacus. Torculus. Ancus.*

*Et pressus minor et maior non pluribus utor.*

*Neumarum signis erras qui plura refingis.*

Fig. 111. — Tableau des neumes au XIe siècle. D'après le *Breviarium de musica*, ms. du XIe siècle.

tage de représenter le degré d'intonation par la hauteur ou l'abaissement du signe, qui mettait l'œil en rapport avec ce que la voix devait exécuter. Toutefois, les erreurs étaient fréquentes, par suite, de la négligence et de l'inhabileté du copiste. Le neume, comme la sténographie tironienne, avait pour base la virgule et le point, qui représentaient les accents dans les sons, aussi bien que dans les mots, car l'accent n'est autre que la modification de la voix dans le ton et la durée. Mais on ne s'en tint pas au neume simple, et on le compliqua de tant de façons différentes en multipliant les signes et en les embrouillant par des ligatures, que ce système de notation devint tout à fait arbitraire et indéchiffrable.

On en arriva enfin à donner aux neumes une forme mieux accusée et plus visible à l'œil ; ce fut le point de départ de la note carrée, qui devait succéder à ces traits couchés et contournés.

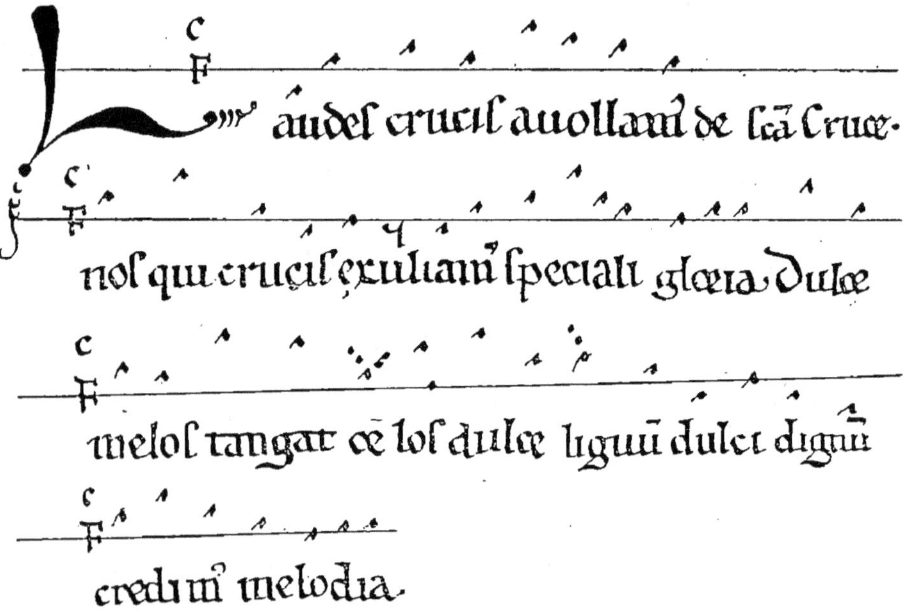

Fig. 112. — Commencement de la prose qui se chante à la fête de la Sainte-Croix. Ms. du XIIe siècle.

Guy d'Arezzo, au commencement du onzième siècle, imagina, le premier, de placer les neumes dans un système de lignes droites, de manière à fixer positivement la place que devait occuper chaque signe. Ce fut lui encore qui, au lieu d'une seule ligne de notation, en traça deux superposées, l'une rouge et l'autre jaune ou verte, celle-ci réservée à la note *ut* et celle-là à la note *fa*. Il ajouta ensuite deux autres lignes, tracées à la pointe sèche sur le vélin, la première entre les deux lignes de couleur et la seconde après la ligne jaune ou verte. La tonalité fut dès lors déterminée par des lettres servant de clef, et les neumes réguliers remplacèrent les anciens neumes, que leur irrégularité avait rendus inintelligibles. A partir de cette époque, les traités de musique et les livres de liturgie présentent de grosses notes carrées qui s'établissent sur quatre à cinq lignes, car le nombre des lignes formant la portée n'était pas encore déterminé invariablement (fig. 113).

Mais ce n'est qu'un siècle après Guy d'Arezzo qu'on voit apparaître le système qui lui est faussement attribué et qui se traduisait par la figure d'une main gauche, où les articulations servaient à caractériser les notes de la gamme d'après un mécanisme fort compliqué, que rendait nécessaire l'absence de la note *si* dans cette gamme incomplète.

L'invention de la gamme, composée de six notes, fut attribuée à Guy d'Arezzo, parce qu'il avait donné comme exemple de l'ordre tonal de ces notes les six premiers vers d'un vieil hymne de saint Jean-Baptiste, dans lesquels les syllabes *ut, re, mi, fa, sol, la,* correspondaient à cet ensemble de six notes :

*Ut* queant laxis
*Re*sonare fibris
*Mi*ra gestorum
*Fa*muli tuorum,
*Sol*ve polluti
*La*bii reatum,
Sancte Johannes.

Les chantres, en chantant cet hymne à l'office de saint Jean-Baptiste, augmentaient d'un degré l'intonation de la première syllabe de chaque vers, et ces six syllabes furent bientôt adoptées pour désigner les notes de la gamme. Quant à la note *si*, laquelle ne fut admise dans la gamme qu'au dix-septième siècle, on la remplaçait par les *muances*, qui n'étaient pas aussi barbares que les noms qu'on leur donnait.

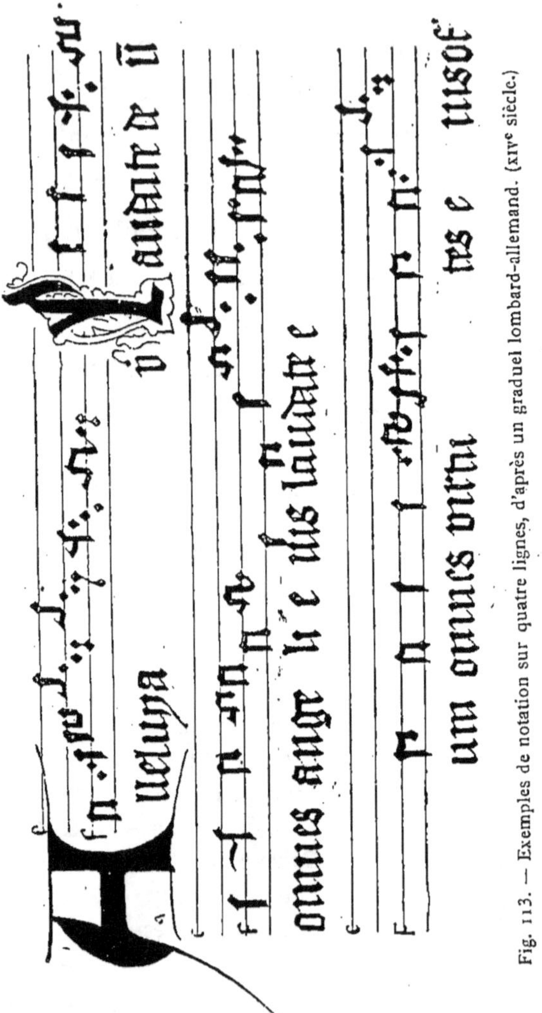

Fig. 113. — Exemples de notation sur quatre lignes, d'après un graduel lombard-allemand. (XIVe siècle.)

Dès le septième siècle, Isidore de Séville avait dit, dans ses *Sentences sur la musique* : « La musique harmonique est une modulation de la voix; c'est aussi une concordance de plusieurs sons et leur union simultanée. » Il ajoutait : « La symphonie est l'accord des sons graves et aigus, soit dans les voix, soit dans les instruments. Le contraire de la symphonie est la diaphonie, qui se compose de voix discordantes ou dissonantes. » Cette définition de l'harmonie nous donne une assez triste idée de ce qu'elle pouvait être à son origine.

Quoique les diaphonies régulières qu'on formait alors à l'aide des intervalles harmoniques dussent présenter des assemblages de sons durs et insupportables, ces suites de quintes, de quartes et d'octaves produisaient néanmoins sur l'oreille un effet vague, étrange, et qui n'était nullement désagréable. Hucbald a donc pu dire que la diaphonie était un chant harmonieux de sons dissemblables entendus simultanément. Dans plusieurs exemples de diaphonie donnés par Hucbald (fig. 114), on y voit employés l'unisson, la seconde, la tierce mineure, la quarte et la quinte, et l'on y remarque les trois mouvements, direct, oblique et contraire, qui constituent un des principaux éléments de la musique moderne. Au reste, la diaphonie, appelée aussi *organum,* parce qu'elle contenait à la fois tous les accents de l'organe de la voix humaine, n'était appliquée qu'au plain-chant; il fallait qu'elle fût exécutée au moins par deux chanteurs, de telle façon que pendant que l'un d'eux attaquait la mélodie principale, l'autre, par des sons différents, circulait en quelque sorte autour de cette mélodie, jusqu'à ce que les deux voix à chaque repos pussent se réunir à l'unisson ou à l'octave.

A côté de la diaphonie, il y eut, vers la fin du onzième siècle, une autre harmonie, dite le *déchant* (accord de deux voix), qui eut une grande influence sur la musique à sons simultanés et sur la diaphonie elle-même (fig. 115). C'était une harmonisation improvisée au lutrin par les chantres; il en résultait, il est vrai, des sauts mélodiques considérables, absolument contraires au système de la mélodie du plain-chant, et l'on comprend que plusieurs papes aient publié des bulles pour réprimer ces abus et conserver l'intégrité du chant ecclésiastique. Le pape Jean XXII, néanmoins, en 1322, déclara que, de temps en temps, et surtout aux grandes fêtes, les chantres d'église seraient autorisés à employer des consonances et des accords comme accompagnement du plain-chant grégorien, pour lui donner plus de couleur et d'éclat. C'est ainsi que la musique à sons simultanés se traîne, à travers la diaphonie

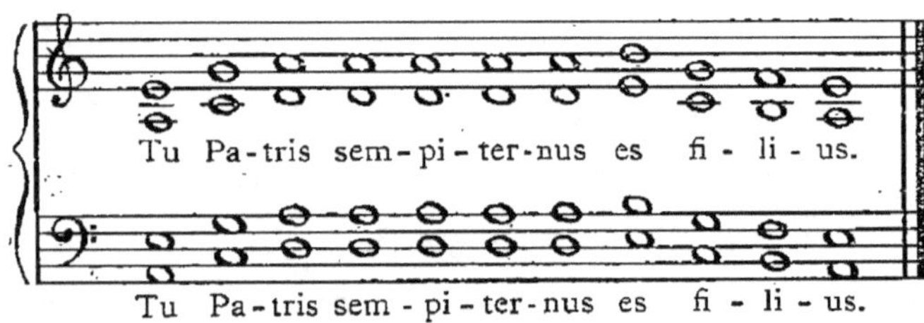


Fig. 114. — Diaphonie des quintes à quatre voix. D'après l'*Enchiridion musicæ* du moine Hucbald. IXe siècle.

et le déchant, jusqu'au quatorzième siècle, où le contrepoint se trouve établi sur les principes de l'harmonie diatonique.

La musique continuait à être enseignée dans les écoles, d'après les traditions de Boèce et de Jean Scot Érigène; elle faisait partie intégrante de la scolastique, et elle occupait le second rang parmi les sept arts libéraux, entre l'astronomie et la géométrie. Cet enseignement dialectique n'avait pas d'influence sur les progrès de l'art. Tous les savants qui ont écrit sur la musique, excepté Guy d'Arezzo, ne la connaissaient qu'en théorie et eussent été bien empêchés d'en venir à la pratique : le célèbre François de Cologne, Jean Cotton, Jean de Muris, Aurélien de Réomé, Remi d'Auxerre, et une foule d'autres, étaient des dialecticiens plutôt que des musiciens, qui ont laissé des traités très précieux sur la science musicale de leur temps. Cependant Abailard, l'illustre philosophe du douzième siècle, était l'auteur des mélodies de ses chansons latines, et il les chantait avec beaucoup de goût.

La musique vulgaire excitait surtout l'enthousiasme des femmes. La chanson populaire en fut la première et la plus vive expression. Les chants héroïques n'étaient plus écoutés quand ils ne se relâchaient pas de leur rudesse native pour incliner vers des sentiments plus doux et plus tendres. On se rappelait sans doute, comme le raconte Robert Wace, dans le roman du *Rou,* que le

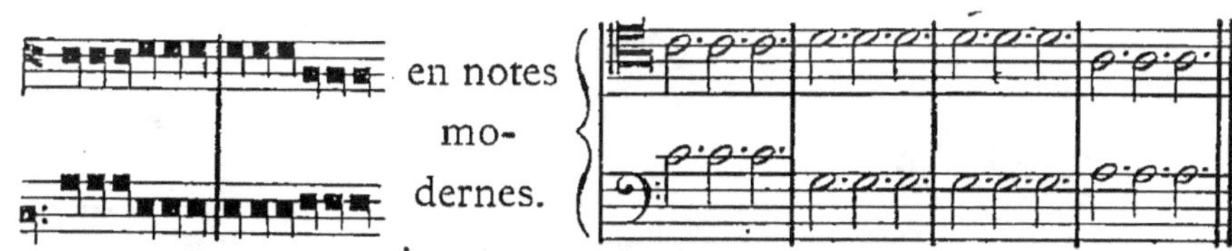


Fig. 115. — Passage de l'unisson à la quinte et de la quinte à l'unisson. D'après un ms. de Francon, XIe siècle. Bibl. Ambrosienne, à Milan.

ménestrel Taillefer avait chanté les chansons de Charlemagne, de Roland et d'Olivier, devant l'armée des Normands, qui allaient se mesurer avec les Anglo-Saxons sur le champ de bataille d'Hastings. Mais les ménestrels, les trouvères et les jongleurs avaient inventé un nouvel art, ainsi qu'on le désignait au douzième siècle, en composant des mélodies toujours simples, naïves et gracieuses, pour accompagner leurs chansons d'amour, de galanterie, d'aventures et de fantaisie poétique. La plupart n'étant pas capables de noter la musique qu'ils composaient, ils avaient recours à des *déchanteurs,* qui se chargeaient, moyennant un prix fixé d'avance, d'écrire et d'*organiser* la musique qu'ils entendaient chanter ou exécuter sur un instrument. L'harmonie n'était qu'à deux voix et n'offrait qu'une combinaison de quintes avec des mouvements à l'unisson.

Les *déchanteurs* ou les *harmonisateurs* étaient des musiciens de profession, qui possédaient la science musicale et qui savaient en appliquer les règles; mais les ménestrels et les trouvères étaient de véritables compositeurs, qui joignaient le talent de la poésie au génie musical et qui excellaient à *trouver* des inspirations poétiques et mélodiques. On a prétendu, avec assez de pro-

Fig. 116 à 118. — Ménestrels et rois des jongleurs, jouant de divers instruments. D'après des ms. de la Bibl. nat.

babilité, que les croisades n'avaient pas peu contribué au développement de la musique vulgaire, et que celle-ci avait emprunté aux Orientaux les trilles, fioritures et agréments du chant, qui firent le succès des trouvères. Ces poètes-musiciens se multiplièrent par toute l'Europe, mais ils furent moins nombreux et moins favorisés en Italie qu'en France. Les rois, les princes, les grands seigneurs ne dédaignaient pas de s'associer à cette espèce de croisade musicale (fig. 116 à 118).

Il faut citer, parmi les trouvères de cour, qui ont été poètes et musiciens au treizième siècle, le châtelain de Coucy, le roi de Navarre, le comte de Béthune, le comte d'Anjou, le comte de

Soissons, le duc de Brabant. D'autres, non moins connus par leurs poésies et par leur musique, étaient peut-être d'origine plébéienne, mais leur réputation les avait mis au niveau des plus nobles : Adam de la Halle, Perrin d'Angecourt, Gautier d'Argies, Audefroy le Bâtard, Blondeau de Nesle, Colart le Bouteillier, Gace Bucé, Richard de Fournival, etc. L'apparition des troubadours provençaux, dont l'influence s'étendit en souveraine depuis la Catalogne jusque dans l'Italie méridionale, avait précédé la grande époque des trouvères; et ces troubadours, qui appartenaient à une école poétique et musicale plus romane que française, n'eurent pas moins de vogue que les poètes de la langue d'oil. Le caractère de leur musique était plus langoureux et plus suave que celui des compositions plus gaies et plus brillantes des trouvères.

Ces compositions de différents genres devaient être toujours accompagnées par un instrument à cordes, et de préférence par la harpe, le psaltérion, la viole et le luth. On distinguait, entre autres, la chanson amoureuse, le sirvente, les pastourelles, les jeux partis, le lai et le virelai, la ballade et la chanson. La ballade simple s'écrivait ordinairement à plusieurs parties, ainsi que les rondeaux et les motets. Le lai avait plusieurs couplets qui se chantaient sur des mélodies différentes, tandis que dans les chansons proprement dites la même mélodie se répétait à chaque couplet.

La faveur spéciale que les premiers trouvères avaient acquise dans les cours des princes et dans les maisons des nobles amena une sorte d'invasion de ménestrels, de chanteurs, de jongleurs et de ménétriers ou joueurs d'instruments. Ceux-ci se répandirent de tous côtés, voyageant par troupes, allant de ville en ville, de château en château, exerçant leur profession aux mariages et aux fêtes seigneuriales, comme dans les fêtes publiques; ils étaient bien accueillis partout, choyés, hébergés et largement rétribués.

Fig. 119. — Église de Saint-Julien des Ménétriers, fondée au XIVe siècle par deux jongleurs, Jacques Grue et Huet le Lorrain.

On les accusait pourtant de n'être la plupart que des ivrognes, des libertins, des fripons.

Ce fut sans doute pour démentir cette mauvaise réputation que deux jongleurs, nommés Jacques Grue et Hugues ou Huet le Lorrain, fondèrent à Paris, en 1328, une église et un hôpital. Ils avaient acheté de l'abbesse de Montmartre le terrain sur lequel ils firent bâtir d'abord, dans la rue Saint-Martin, une chapelle dédiée à saint Julien et à saint Genest, les deux patrons des ménétriers et des comédiens (fig. 119). Chapelle et hôpital furent construits dans l'espace de quinze ans, avec le produit des quêtes que les fondateurs avaient faites chez les habitants de Paris. Ils s'étaient mis à la tête d'une association de ménétriers, de jongleurs et de *jongleresses,* et le prévôt de Paris avait approuvé depuis 1321 les statuts de leur confrérie.

Les membres de la corporation avaient seuls le droit de faire de la musique aux fêtes et aux noces qui se célébraient dans la ville, et nul n'était admis à en faire partie s'il n'avait subi honorablement un examen devant les prudhommes. Les ménétriers qui ne faisaient point partie de l'association pouvaient être condamnés à l'amende ou bannis de Paris, pendant un an et un jour, s'ils osaient faire concurrence aux confrères, qui étaient gouvernés par un *roi des ménétriers* et par un *prévôt de saint Julien.* Les ménétriers et jongleurs étrangers qui passaient par Paris, et qui n'étaient pas autorisés à y faire acte de leur profession, étaient pourtant hébergés gratuitement dans l'hôpital de la confrérie. D'après les nouveaux statuts que leur donnèrent Charles VI et Louis XIV, on voit que l'autorité du roi des ménétriers, devenu plus tard *roi des violons,* s'étendit à toute la France. Malgré les efforts tentés pour la soutenir, cette corporation déclina de plus en plus; en vain réclama-t-elle le droit d'enseigner seule la danse et la musique, en vain s'opposa-t-elle à la fondation des théâtres d'opéra, elle disparut sans bruit à la fin du dix-huitième siècle.

C'est aux trouvères qu'il faut rapporter l'honneur d'avoir composé et fait représenter le premier opéra français qui ait été joué en France. Cet opéra ou opéra-comique date de 1265 environ : c'est un ouvrage d'Adam de la Halle, qui en fit le poème et la musique; il est intitulé *le Jeu de Robin et Marion*, divisé par scènes et entremêlé de chants. Le sujet en est bien simple : la bergère Marion aime le berger Robin; survient un chevalier qui veut la séduire, mais elle refuse de l'écouter et reste fidèle à

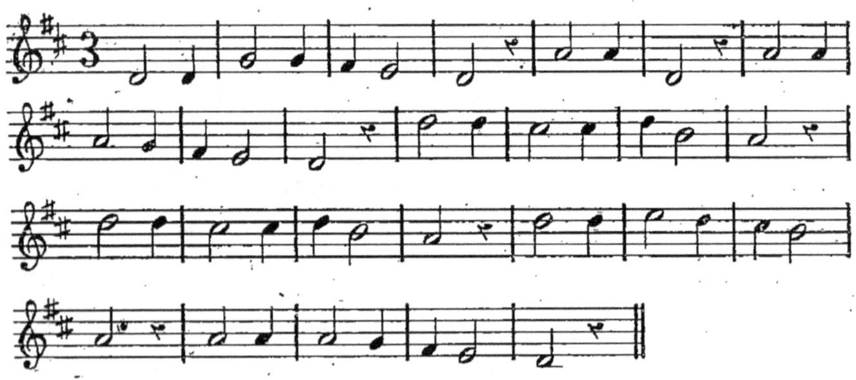

Fig. 120. — Air de *l'Homme armé* (en notation moderne). XIIIe siècle.

Robin. C'est dans ce petit poème pastoral qu'Adam a intercalé le fameux air de *l'Homme armé* (fig. 120), qui a été si souvent reproduit ou imité par les musiciens du moyen âge et qui est considéré, à tort ou à raison, par de doctes musicographes, comme l'air guerrier que les croisés avaient chanté à l'unisson, à leur entrée dans Jérusalem.

Adam de la Halle, en appropriant la musique vulgaire à l'art dramatique, n'avait fait que rivaliser avec les pieux auteurs anonymes du drame liturgique ou *mystère*, qui était introduit dans les usages religieux depuis plus de deux siècles.

C'était surtout aux fêtes de la Nativité, de l'Adoration des Mages, de la Passion, de la Résurrection, etc., que les diacres et les chantres représentaient, sous le porche de l'église ou dans quelque salle capitulaire, ces épisodes de la vie de Jésus-Christ, avec des chants qui ne différaient pas beaucoup de ceux des offices (voy. le chap. Ier du THÉATRE). On a retrouvé cinq ou six de ces drames liturgiques, entre autres le plus ancien de tous : *les Vierges sages et les Vierges folles*. L'archange Gabriel annonce la venue du Christ. Les Vierges folles confessent leurs fautes et supplient les Vierges sages de leur venir en aide; celles-ci s'y refusent, et les marchands ne veulent pas vendre aux Vierges folles l'huile nécessaire pour rallumer leurs lampes. Toutes les strophes latines se terminent par un refrain en langue vulgaire et changent de mélodie à chaque changement de personnage (fig. 121).

« On ne rencontre dans ces drames liturgiques, » dit Coussemaker, « ni les passions, ni les intrigues, ni les mouvements scéniques qui jouent le principal rôle dans le drame profane; ce qui y domine, au contraire, c'est le calme et la simplicité des récits, l'élévation et la noblesse des pensées, la pureté des principes moraux. La musique, destinée à traduire de semblables sentiments et à y ajouter une expression plus puissante, devait nécessairement avoir le même caractère. Aussi n'y faut-il pas chercher une musique rythmée et mesurée, si propre à seconder les passions mondaines, mais une musique plane, établie d'après les règles de la tonalité du plain-chant, soumise toutefois à certaines lois de rythme et d'accentuation. »

Les troubadours et les trouvères composaient des chansons à trois et quatre voix, et ces morceaux, dont un grand nombre ont été sauvés de l'oubli dans lequel ils étaient tombés, sont aussi remarquables par les formes gracieuses de la mélodie que par les ornements du chant et la contexture harmonique. La Belgique et l'Allemagne eurent aussi, comme la France, comme l'Italie, leurs écoles de maîtres chanteurs, leurs académies et leurs associations musicales. On a même les noms des ménestrels et des *minnesingers* qui eurent le plus de vogue, et dont les compositions méritaient l'accueil qu'on leur avait fait. Parmi eux, on doit distinguer ceux qui devinrent chefs d'école et qui ont laissé des écrits

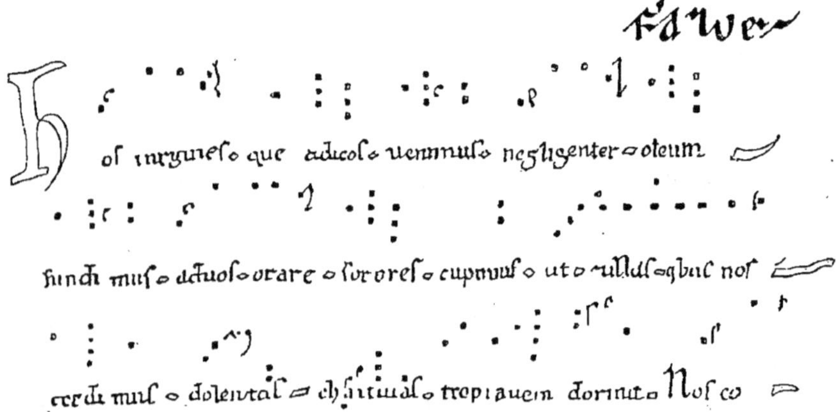

Fig. 121. — Chant des Vierges folles, tiré du *Mystère des Vierges sages et des Vierges folles*, drame religieux, noté en neumes. Ms. du XIe siècle. (Bibl. nat.)

spéciaux sur leur art. Les principaux furent, au quatorzième siècle, Guillaume Dufay, Égide Binchois, de Busnois, Firmin Caron, Vincent Fauques, Éloi et Brassart. Le premier, qui devint maître de chapelle du pape à Rome, vers 1380, inventa les repos qui s'introduisent de temps en temps dans les parties, et il fit, dans une messe, le premier essai de la figure appelée *canon*, qui prit tant d'importance dans la musique du seizième siècle.

Les poètes musiciens de la France, au quatorzième siècle, sont bien nombreux, depuis Adam de la Halle, dont les motets et les chansons étaient si généralement goûtés, qu'on en transportait la musique dans les chants d'église (fig. 122). Il n'était pas rare alors de voir des messes entières écrites avec les réminiscences d'un air profane, qu'on faisait passer, chant et paroles, dans un *Sanctus* ou dans un *Benedicamus*. Voilà comme Robert d'Anjou, roi de Naples et de Sicile, un des bons musiciens de son temps, avait composé vers 1300, en l'honneur de saint Louis, évêque de Toulouse, un office qui fut admis dans les églises jusqu'au concile de Trente, pendant que les morceaux de musique mondaine, qui avaient servi de thème aux différentes parties de cette messe, continuaient à faire briller le talent des ménestrels. Le poète Michel de Machault composa aussi une messe à quatre voix pour le sacre de Charles V (1364); quoiqu'il ait fait beaucoup de musique pour ses chansons amoureuses, on ne dit pas qu'il en ait imité aucune dans sa messe du sacre, où mélodie et harmonie étaient de lui seul.

L'harmonie ne cessait pas de faire des progrès sensibles dans la musique sacrée, comme dans la musique mondaine, mais ces deux espèces de musique tendaient de plus en plus à se confondre. Le plain-chant devenait désordonné, par suite des audaces et des intempérances du déchant, et il finit par se transformer en une espèce d'énigme musicale, où le maître de chapelle avait accumulé les plus bizarres combinaisons et les artifices les plus capricieux.

Quelques compositeurs cependant restèrent attachés aux principes sévères de l'art; par exemple, Éloi écrivait des messes dans lesquelles il observait les règles de l'harmonie pure, mais la chanson française ou italienne avait toujours l'avantage sur la musique ecclésiastique. Un recueil manuscrit de ces chansons, composées dans les premières années du quinzième siècle, nous donne les noms des musiciens de cette époque : on y trouve, pour l'Italie, Jacopo de Bologne, Francesco degli Organi, Donato da Cascia, Giovanni de Florence, l'abbé Vincenzio d'Imola; et, pour la

Fig. 122. — Notation originale d'un motet d'Adam de la Halle. D'après un ms. du XIVe s. (Bibl. nat.)

France, Domart, Barbingant, Praylois, Le Rouge, de Courbet et Humbert.

C'est la Belgique qui fournit à plusieurs souverains de l'Europe des maîtres de chapelle, au premier rang desquels il faut placer

Jean Ockeghem, dont l'influence fut sans rivale sur les progrès de l'art, et Jean Tinctoris, le plus grand musicien de son temps; le premier fut attaché à la cour de Charles VII, le second à celle de Ferdinand le Catholique. Rome, Milan et d'autres villes d'Italie firent venir aussi des Pays-Bas différents chefs d'école, qui exagérèrent les nouveautés de l'art, sous prétexte d'en perfectionner les principes scientifiques; Ockeghem surtout, qui eut une action réelle sur la musique en Italie, développa outre mesure l'harmonie imitative et tira les plus heureux effets du canon à trois et quatre parties.

Les rois et les princes étaient toujours et partout les plus ardents protecteurs de la musique; ils pouvaient, la plupart, se vanter d'être eux-mêmes musiciens. René d'Anjou, comte de Provence, fut aussi, de même que tous les princes de sa maison, un mélomane et un compositeur distingué en tous genres. Il écrivait des messes pour sa chapelle, des marches militaires pour ses tournois, et pour sa musique de chambre, des mélodies qu'il chantait avec goût, en s'accompagnant sur divers instruments. Il est représenté, dans la première miniature de l'admirable Psautier qu'il fit faire pour son usage, dirigeant lui-même un de ces concerts, où il prenait part à l'exécution vocale et instrumentale confiée à de véritables artistes des deux sexes. Son contemporain Jacques I^er^, roi d'Écosse, était également un habile musicien, puisqu'il savait jouer de tous les instruments connus en ce temps-là (fig. 123). Louis XI ne se piquait pas d'avoir les talents de son beau-père Jacques I^er^; on pouvait même le soupçonner d'aimer peu la musique, car il trouvait mauvais que sa femme, Marguerite d'Écosse, prît autant de plaisir à en faire et à en entendre qu'à lire et à écouter des ballades et des rondeaux. Charles VIII ramena de son expédition d'Italie autant de musiciens que de peintres et d'architectes; mais

Fig. 123. — Assomption de la Vierge. Concert céleste, où les anges jouent de divers instruments en usage au XV^e siècle. Peinture de Filipino Lippi, à l'église de la Minerve, à Rome.

la musique militaire avait surtout le don de l'enthousiasmer, quoique cette musique, où dominait le bruit étourdissant des gros tambours suisses, fût dépourvue de toute espèce de méthode harmonique.

François I<sup>er</sup> aimait trop la poésie pour ne pas aimer la musique : son prédécesseur Louis XII lui avait laissé une chapelle qui n'avait pas de rivale au monde et qui était dirigée par Guillaume Guinand, l'ancien maître de chapelle du dernier duc de Milan, Ludovic Sforza. Ce fut cette chapelle qui suivit François I<sup>er</sup> dans son voyage en Italie, en 1515, et elle eut l'honneur insigne de se joindre à celle du pape Léon X. Les musiciens les plus réputés de ce temps-là sont un Français, nommé Jean de Lotin; deux Belges, Guillaume Garnier et Bernard Hycart, et l'Allemand Godendach, qui s'était fixé en Italie. Les Allemands passaient, à juste titre, pour les premiers organistes et les meilleurs facteurs d'instruments (fig. 124). La musique de chambre était en faveur à la cour de François I<sup>er</sup>, car les bals, les mascarades, les concerts s'y succédaient presque sans interruption, lorsque le roi faisait résidence dans un de ses châteaux. Mais ce prince ne négligea pourtant pas l'enseignement de la musique savante, lorsqu'il fonda le Collège royal en 1530 : la troisième chaire fut destinée à la musique, et les deux professeurs qui l'enseignaient à tour de rôle étaient Oronce Finé et Jean Martin, l'un et l'autre excellents mathématiciens.

Rabelais, dans un passage bien précieux de son *Pantagruel*, a recueilli, en deux groupes distincts, les noms de cinquante-huit musiciens français, belges et italiens, qui furent en grande estime, comme compositeurs ou exécutants, à deux époques différentes du règne de François I<sup>er</sup>, d'abord vers 1515, ensuite vers 1551. Rabelais était lui-même un dialecticien et un théoricien en musique,

Fig. 124. — Musicien allemand exécutant un morceau de musique sur l'orgue portatif. Fac-similé d'une gravure d'Israël van Mecken; fin du xv^e siècle.

puisqu'il possédait toutes les sciences qu'on pouvait acquérir dans les écoles de l'université de Paris. Il se rappelait donc avec délices avoir entendu, sans doute chez les frères du Bellay, ses camarades de collège, un beau concert vocal et instrumental, donné « en may, en ung beau parterre », par les artistes suivants : Josquin des Prés, Ockeghem, Hobrecht, Agricola, Brumel, Camelin, Vigoris, de la Fage, Bruyer, Prioris, Seguin, Delarue, Midy, Moulu, Mouton, Gascogne, Loysel, Compère, Pevet, Fevin, Rouzée, Richafford, Rousseau, Consilion, Costancio Festi, et Jacques Bercan. La plupart de ces musiciens étaient les élèves du vieux maître belge Jean Ockeghem, mort à Tours vers 1510, et de son savant émule Josquin des Prés, mort en 1521, qui fut le véritable chef de l'école française. Ce dernier ne se borna pas à composer de superbes chants d'église, il donna des chansons à plusieurs voix, qui avaient un caractère gai et même bouffon, inconnu avant lui.

Trente-cinq ans plus tard, Rabelais se trouvait encore chez le cardinal du Bellay, mais à Rome, « en un jardin secret, sous la belle feuillade, » et c'est là qu'il entendit un autre concert non moins exquis, exécuté par trente-trois musiciens appartenant à l'école franco-italienne, dont le chef était Adrien Villaert, élève de Josquin des Prés et maître de chapelle de Saint-Marc, à Venise. A côté de ce grand contrepointiste belge, figurait le Français Claude Goudimel, qui fut, à Rome, le maître de l'illustre Palestrina.

La musique, en ce temps-là, était familière à tout le monde en Europe, et chacun s'y adonnait à l'envi, les uns la chantant, les autres l'exécutant, tous la lisant à livre ouvert. L'imprimerie avait merveilleusement servi à cette propagande musicale (fig. 125). Dès l'origine des premiers livres imprimés à Mayence, Schœffer

Fig. 125. — La Musique personnifiée, avec ses auxiliaires, le poète et les musiciens.
Fac-similé d'une gravure sur bois de la *Margarita philosophica nova* (1508).

et Fust avaient fait graver, sur des planches de bois, la notation du plain-chant pour leurs éditions du Psautier et des Missels. Ce fut le Romain Octave Petrucci qui trouva à Venise, vers 1503, le secret d'imprimer la musique en caractères mobiles. Cette belle découverte permit de multiplier les impressions musicales et d'en réduire considérablement le prix de vente. Les imprimeries de musique s'établirent par toute l'Europe (dès 1527, en France), et il en sortit, pendant deux siècles, une immense quantité de recueils contenant des messes, des motets, des chansons

Fig. 126. — Portrait d'Antoine de Baïf (1532-1589). D'après Léonard Gaultier.

à plusieurs voix et des compositions instrumentales, qui se publiaient en parties séparées pour en rendre l'exécution facile. Robert Ballard, « seul imprimeur de la musique de la chambre, chapelle et menus plaisirs du roi, » obtint d'Henri II un privilège exclusif pour l'impression de la musique à Paris, et ce privilège, confirmé par Charles IX et Henri III, subsista jusqu'à la fin du dix-septième siècle.

Les rois de France restaient fidèles à la tradition royale, qui, depuis les premiers temps de la monarchie, leur avait inspiré le goût et même la passion de la musique. François Ier et Henri II ne se contentaient pas de rimer des chansons pieuses ou galantes : ils en composaient la mélodie; ils les chantaient, en s'accompagnant du luth ou de la *guiterne* (guitare). Charles IX et ses frères se montrèrent encore plus passionnés pour la musique et la poésie :

Fig. 127.— Fontaine Castaline, en marbre et en plomb colorié, achetée par M. Léopold Double, lors de la démolition du château d'Issy.

« A la messe, » raconte Brantôme, « le roy Charles se levoit bien souvent et s'en alloit chanter, à l'imitation du feu roy Henry, son père, au lettrin, et chantoit la taille et le dessus fort bien, et aimoit ses chantres et surtout Étienne Leroy, dit M. de Saint-Laurent, qui avoit une très belle voix. »

Un des poètes de la Pléiade, Antoine de Baïf (fig. 126), qui n'était pas moins musicien que poète, avait fondé une académie de musique, au faubourg Saint-Marcel, dans sa propre maison (novembre 1570), où tous les bons musiciens étrangers arrivant à Paris étaient reçus et largement traités. Cette académie donnait chaque semaine un grand concert de voix et d'instruments, et Charles IX y assistait très régulièrement. A l'exemple du poète Baïf, Marguerite de Valois, reine de Navarre, voulut aussi avoir son académie de musique, en sa maison d'Issy; elle y présidait en personne aux concerts, qui avaient lieu dans les jardins, au murmure des eaux jaillissantes d'une fontaine, que les poètes du temps nommèrent *Castaline*, en mémoire de celle qui coulait au pied du Parnasse et que les anciens Grecs avaient consacrée aux Muses (fig. 127).

La musique sacrée et la musique profane vivaient, pour ainsi dire, dans une sorte de naïve promiscuité. On ne se scandalisait pas de reconnaître à l'église les mêmes motets qu'on avait entendus la veille dans un bal ou dans un festin. Mais les réformés austères, qui voulaient conserver le chant religieux dans le culte luthérien ou calviniste, protestèrent contre ce scandale et composèrent pour leur usage des mélodies spéciales qui n'étaient faites que pour les Psaumes et les cantiques. « Entre les autres choses qui sont propres pour recréer l'homme et luy donner volupté, » disait Jean Calvin dans son épître *à tous chrestiens et amateurs de la parole de Dieu,* imprimée en tête de la traduction des Psaumes de David par Clément Marot, « la musique est la première ou l'une des principales, et nous faut estimer que c'est un don de Dieu député à cest usage... Il y a toujours à garder que le chant ne soit léger ni volage, mais qu'il ait poids et majesté, comme dit saint Augustin, et ainsi, qu'il y ait grande différence entre la musique qu'on fait pour réjouir les hommes à table et en leurs maisons, et entre les Psaumes qui se chantent en l'église, en la présence de Dieu et des anges. »

Fig. 128. — Concert de cour. Fac-similé d'une gravure du *Ballet de la Reine* (1582).

En Italie, Palestrina avait réformé la musique ecclésiastique, selon le vœu de l'église catholique, qui, depuis le quinzième siècle, ne cessait de lancer l'anathème contre le mélange impie et ridicule des chansons profanes et des offices de l'antiphonaire. Le concile de Trente se préparait à bannir de l'église toute musique qui ne serait pas le plain-chant, lorsque Palestrina composa sa première messe, connue sous le nom de *Messe du pape Marcel*. Ce fut une révolution complète dans la musique. Palestrina et ses imitateurs employèrent presque toujours comme sujets de leurs compositions religieuses les anciens chants de l'Église catholique, auxquels ils affectèrent un caractère grave et solennel, conforme à la majesté des cérémonies du culte.

A la fin du seizième siècle, tous les pays de l'Europe ont des musiciens habiles et inventifs, qui forment de nombreux élèves et dont les œuvres, reproduites par l'imprimerie, passent de main en main dans le monde musical : les écoles de musique sont partout, et les maîtres qui les dirigent n'appartiennent pas toujours à la ville, au pays où ils sont venus s'établir. Le fameux Claude Goudimel, qui avait ouvert à Rome la première école de musique, revint à Lyon pour être une des victimes de la Saint-Barthélemy; le Belge Archadelt était maître des enfants de chœur de la chapelle pontificale; son compatriote, Roland de Lassus, né à Mons, était maître de chapelle du duc Albert, à Munich. Les musiciens indigènes ne manquent pourtant nulle part : en Italie, Animuccia, Constant Festa, Zarlino; en Espagne, Vittoria; en Angleterre, William Bird, Tallis et Morley; en Allemagne, Senff, Walther, Hassler; en Belgique, en Hollande, de Lassus, Philippe de Mons, André Pevernage, Jacquet de Wert. Ce sont tous des compositeurs érudits, des instrumentistes excellents.

La France ne demeurait pas en arrière : Claude de Sermisy, maître de chapelle de François I^er, et Clément Jannequin, avaient eu pour successeurs Du Caurroy, maître de la musique d'Henri III, et Claude Lejeune, auteur de tant d'œuvres charmantes et originales.

## CHAPITRE II.

Instruments de musique du quatrième au treizième siècle. — Instruments à vent : la flûte simple et la flûte double, la syrinx, le *chorus*, le *calamus*, la doucine, les *flaios*, les trompes, cornes, olifants, l'orgue hydraulique et l'orgue à soufflets. — Instruments à percussion : la cloche, le *tintinnabulum*, les cymbales, le sistre, le triangle, le *bombulum*, les tambours. — Instruments à cordes : la lyre, la cithare, la harpe, le psaltérion, le nable, le *chorus*, l'*organistrum*, la chifonie, le luth et la guitare, le *crout*, la rote, la viole, le monocorde.

Chez les anciens, le nombre des instruments fut considérable; mais leurs noms étaient plus nombreux encore, parce que ces noms dérivaient de la forme, de la matière, de la nature et du caractère des instruments, qui variaient à l'infini, suivant le caprice du fabricant ou du musicien. Chaque peuple aussi avait ses instruments nationaux; et comme il les désignait dans sa propre langue par des dénominations qualificatives, le même instrument reparaissait ailleurs sous dix noms; le même nom s'appliquait à dix instruments. De là, en présence des monuments figurés, et en l'absence des instruments eux-mêmes, une confusion à peu près inextricable.

Les Romains, à la suite de leurs conquêtes, avaient rapporté chez eux la plupart des instruments de musique trouvés chez les peuples vaincus. Ainsi la Grèce fournit à Rome presque tous les instruments doux de la famille des lyres et des flûtes (fig. 129); la Germanie et les pays du Nord, habités par des races belliqueuses, donnèrent à leurs conquérants le goût des instruments éclatants de la famille des trompettes et des tambours. L'Asie et la Judée surtout, qui avaient multiplié les espèces d'instruments de métal pour l'usage de leurs cérémonies religieuses, naturalisèrent dans la musique romaine les instruments sonores de la famille des

Fig. 129. — Scène de théâtre où l'on voit une joueuse de flûte qui dirige la déclamation. D'après un bas-relief en marbre grec, au musée de Naples.

cloches et des tam-tam; l'Égypte introduisit en Italie les sistres avec le culte d'Isis; Byzance n'eut pas plus tôt inventé les premières orgues pneumatiques, que le christianisme s'en empara pour les consacrer exclusivement à ses solennités, en Orient comme en Occident.

Tous les instruments de musique du monde connu s'étaient donc en quelque sorte réfugiés dans la capitale de l'empire romain, mais pour disparaître et tomber dans l'oubli, après avoir eu part aux dernières pompes de cet empire en décadence et aux dernières fêtes de l'antique mythologie. Dans une lettre où il traite spécialement des *divers genres d'instruments de musique,* saint Jérôme, qui vécut de 331 à 420, nous apprend quels étaient ceux qui servaient de son temps pour les besoins de la religion,

Fig. 130. — *Bombulum;* d'après un bas-relief d'un monument gallo-romain, au musée d'Arles.

de la guerre, du cérémonial et de l'art. Il nomme, en premier lieu, l'orgue, composé de 15 tuyaux d'airain, de deux réservoirs d'air en peau d'éléphant, et de 12 soufflets de forge pour « imiter la voix du tonnerre ». Il désigne ensuite, sous le nom générique de *tuba,* plusieurs sortes de trompettes : celle qui convoquait le le peuple, celle qui dirigeait la marche des troupes, celle qui proclamait la victoire, celle qui sonnait la charge contre l'ennemi, celle qui annonçait la fermeture des portes, etc. Une de ces trompettes, dont la description fait assez mal comprendre la forme, avait trois cloches d'airain et *mugissait par quatre conduits d'air.* Un autre instrument, le *bombulum* (fig. 130), qui devait faire un bruit effroyable, était, autant qu'on peut le deviner d'après le texte même du pieux écrivain, une espèce de carillon, attaché à une colonne creuse en métal qui répercutait, à l'aide de 12 tuyaux, les sons de 24 cloches mises en branle les unes par les autres. Viennent ensuite la *cithare* des Hébreux, en forme de triangle, garnie de 24 cordes; la *sambuque*, d'origine chaldéenne, trompette formée de plusieurs tuyaux de bois mobiles, s'emboîtant l'un dans l'autre; le *psalterium*, petite harpe montée de 10 cordes; et enfin le *tympanum*, appelé aussi *chorus,* tambour à main, auquel étaient adjoints des tuyaux de flûte en métal.

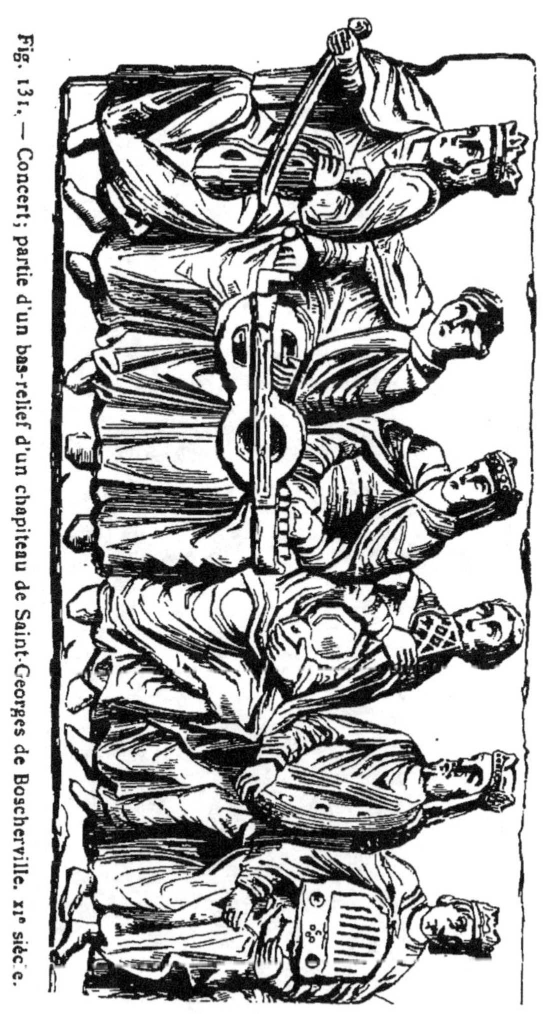

Fig. 131. — Concert; partie d'un bas-relief d'un chapiteau de Saint-Georges de Boscherville. XIe siècle.

Une nomenclature du même genre existe, pour le neuvième siècle, dans une histoire de Charlemagne, en vers latins, par Aymeric de Peyrac. Elle nous prouve que le nombre des instruments avait presque doublé depuis quatre siècles, et que l'influence musicale du règne de Charlemagne s'était fait sentir par la résurrection et le perfectionnement de plusieurs instruments naguère abandonnés. Cette curieuse pièce de vers énumère tous les instruments à cordes, à vent et à percussion, qui célèbrent la louange du grand empereur, protecteur et restaurateur de la musique : il y en a vingt-quatre, parmi lesquels nous retrouvons à peu près tous ceux que signale saint Jérôme.

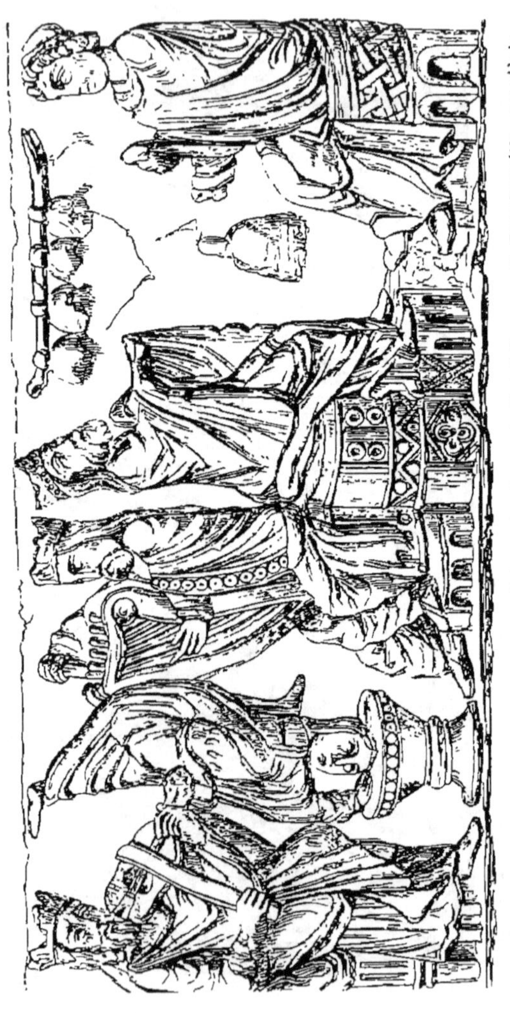

Fig. 132. — Concert; partie d'un bas-relief d'un chapiteau de Saint-Georges de Boscherville. XI^e siècle.

Les noms des instruments de musique avaient donc traversé sept ou huit siècles sans subir en quelque sorte d'autre altération que celle qui était naturellement résultée des variations de la langue; mais les instruments eux-mêmes s'étaient, dans ce long intervalle de temps, modifiés plusieurs fois, à ce point que la dénomination primitive semblait souvent démentir le caractère musical de l'instrument auquel elle était restée attachée. Ainsi, le *chorus*, qui avait été une harpe à 4 cordes, et dont le nom semblait indiquer une collectivité d'instruments, était devenu un instrument à vent; ainsi, le *psalterium*, qu'on touchait originairement avec un *plectre* ou avec les doigts, ne résonnait plus que sous un archet; tel ins-

Fig. 133. — Concert et instruments de musique. — D'après un ms. du XIII$^e$ siècle.

trument qui avait eu 20 cordes n'en gardait que 8; tel autre en avait élevé le nombre de 4 à 24; celui dont le nom rappelait la forme carrée s'était arrondi, celui qui était primitivement en bois se fabriquait en métal. Et l'on peut croire que généralement ces transformations avaient été opérées moins en vue de l'amélioration musicale proprement dite que pour le caprice des yeux (fig. 131 à 134).

Il n'y eut guère de règles fixes pour la facture des instruments avant le seizième siècle, où de savants musiciens soumirent la théorie de cette fabrication à des principes mathématiques. Jusqu'en

Fig. 134. — L'Arbre de Jessé. Les ancêtres de Jésus sont représentés avec des instruments de musique et forment un concert céleste. Miniature d'un ms. du XVe siècle.

1589 les instruments de musique étaient fabriqués à Paris par des ouvriers organistes, luthiers, voire chaudronniers, sous l'inspection et la garantie de la communauté des ménétriers; mais à cette époque les *facteurs* furent réunis en corps de métier, et obtinrent de la bienveillance du roi Henri III des privilèges et statuts particuliers.

Comme de tous temps les instruments de musique ont pu être divisés en trois classes spéciales : *instruments à vent, à percussion,* et *à cordes,* nous adopterons cette division naturelle, pour passer en revue les différentes espèces d'instruments qui furent en usage pendant le moyen âge et la renaissance, sans prétendre cependant pouvoir toujours préciser la valeur musicale de ces instruments, qui souvent ne nous sont connus que par des figures plus ou moins fidèles.

Instruments a vent. — Cette classe comprenait les flûtes, les trompettes et les orgues; classe dont les diverses familles se subdivisaient en plusieurs genres très distincts. Dans le seul genre des flûtes, par exemple, nous trouvons la flûte droite, la flûte double, la flûte traversière, la syrinx, le *chorus*, le *calamus*, la *muse* ou musette, la *doucine* ou hautbois, le *flaïo* ou flageolet, etc.

La flûte est le plus ancien des instruments de musique, et au moyen âge encore il n'était pas d'orchestre complet qui ne comprît tout un système de flûtes, différentes de forme et de tonique. En principe, la flûte simple, ou *flûte à bec,* consistait en un tuyau droit de bois dur et sonore, d'une seule pièce, percé de 4 ou 6 trous; mais le nombre des trous ayant été successivement porté jusqu'à 11, et le tuyau ayant atteint les dimensions de 7 à 8 pieds, il arriva que les doigts ne suffirent plus à agir sur toutes ces ouvertures à la fois, et que, pour fermer les deux trous les plus éloignés du bec, on adapta au corps de flûte des clefs que l'exécutant manœuvrait avec son pied.

La flûte simple, plus ou moins allongée, se voit sur les monuments figurés de toutes les époques. La flûte double, non moins usitée, avait, comme son nom l'indique, deux tiges, généralement d'inégale longueur : la *gauche,* plus courte et nommée aussi *féminine,* donnait les sons aigus, tandis que la *droite* ou *masculine* rendait les sons graves. Que ses deux tuyaux fussent ou reliés ensemble ou isolés, cette flûte avait toujours deux becs distincts, quoique souvent fort rapprochés, que le musicien embouchait alternative-

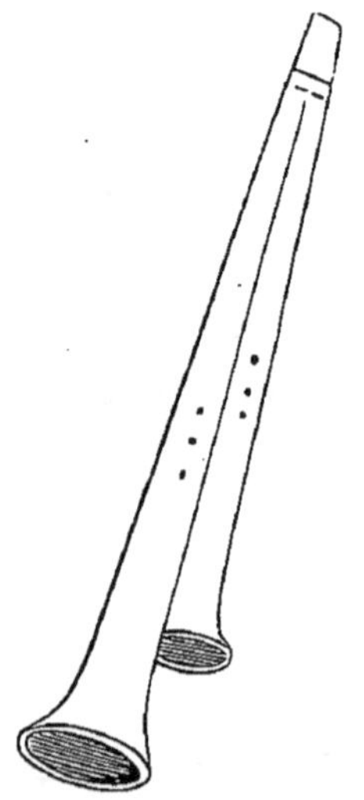

Fig. 135. — Flûte double. XIVe s. D'après les *Monuments fr.* de Willemin.

Fig. 136. — Syrinx à sept tuyaux. Ms. de la bibl. d'Angers.

ment. La flûte double (fig. 135) était au onzième siècle l'instrument qui accompagnait d'habitude les jongleurs ou faiseurs de tours.

La flûte traversière, d'origine antique, fort peu employée d'abord, dut aux perfectionnements que lui apportèrent les Allemands d'être en vogue au seizième siècle, et même de recevoir le nom de *flûte allemande* (fig. 137 et 138).

La *syrinx* n'était autre que l'antique flûte de Pan (fig. 138), composée le plus souvent de sept tuyaux de bois ou de métal, graduellement inégaux, fermés par le bas et réunis par le haut sur un plan horizontal que parcourait en l'effleurant la lèvre du musicien (fig. 136). Aux onzième et douzième siècles, la syrinx, qui devait produire des sons très aigus et discordants, avait d'ordinaire la forme d'un demi-cercle et renfermait neuf tuyaux dans une boîte métallique, percée d'autant d'ouvertures.

Fig. 137. — Musiciens jouant de la flûte et du cornet à bouquin, dessinés et gravés par J. Amman. XVIe s.

Le *chorus*, qui au temps de saint Jérôme se composait d'une peau et de deux tuyaux formant, l'un embouchure, l'autre pavillon (fig. 139), devait présenter la plus grande analogie avec la musette moderne. Au neuvième siècle, la forme n'en a guère changé, sinon qu'on lui trouve quelquefois deux pavillons, et que le réservoir d'air membraneux est remplacé par une sorte de boîte en métal ou en bois sonore. Plus tard, ce même instrument se transforma en simple tympanon.

Le *calamus,* devenu la *chalemelle* ou *chalemie*, qui avait son origine dans le chalumeau des anciens, devint au seizième siècle un dessus de hautbois, alors que la *bombarde* en était la basse-contre et la taille, et que la basse s'exécutait sur la *cromorne*. Du reste, il y avait tout un groupe de hautbois. La *douçaine* ou *doucine*, flûte douce, grand hautbois de Poitou, jouait les parties de taille

Fig. 138. — Flûte oblique ou traversière et syrinx à neuf tuyaux; d'après un bas-relief étrusque.

ou de quinte. Sa longueur l'ayant fait trouver gênant, le hautbois fut divisé par fragments, réunis en faisceau mobile sous le nom de *fagot*. Cet instrument fut ensuite appelé *courtaut* en France et *sampogne* en Italie, où il était devenu une espèce de musette, ainsi que la *muse* ou *estive*. La *muse de blé* était un simple chalumeau, mais la *muse d'Aussay* (pays d'Auch) fut certainement un hautbois. Quant à la musette proprement dite, elle s'appelait plus ordinairement *chevrette* ou *chièvre,* à cause de la peau dont le sac était fait; mais on la désignait aussi par le nom de *cornemuse* (fig. 140).

Les *flaïos de saus*, ou flûtes de saule, étaient de véritables sifflets, comme ceux que taillent encore les enfants du village au printemps; mais il y en avait, dit un ancien auteur, de plus de vingt manières, « tant de fortes comme de légières, » qui s'accou-

Fig. 139. — Chorus à pavillon simple avec trous. IXe siècle. Ms. de Saint-Blaise.

Fig. 140. — Cornemuseur. XIIIe siècle. Sculpture de la maison des Musiciens, à Reims.

plaient par paires dans un orchestre. La *fistule*, le *souffle*, la *pipe*, le *fretiau* ou *galoubet*, autant de petits flageolets qui se jouaient de la main gauche, pendant que la droite marquait le rythme sur un tambourin ou avec des cymbales.

Les trompettes formaient une famille bien moins nombreuse que celle des flûtes : *trompe*, *corne*, *olifant*, *cornet*, *buisine*, *sa-*

*quebute*, etc. D'ailleurs, elles empruntaient le plus souvent leur nom de leur forme, du son qu'elles produisaient, de la matière dont elles étaient fabriquées, de l'usage auquel elles étaient particulièrement destinées. Ainsi, parmi les trompettes militaires, faites de cuivre ou d'airain, le nom de quelques-unes (*claro*) témoigne

Fig. 141. — Trompette droite à pied. XIe s. Ms. de la Bibl. Cottonienne, British Museum de Londres.

Fig. 142. — Trompette recourbée. XIe s. Ms. de la Bibl. Cottonienne, British Museum de Londres.

du son éclatant qu'elles rendaient; le nom de quelques autres (*cornix, laurea, salpinx*) semble plutôt se rapporter à l'aspect de leurs pavillons (fig. 142), imitant une tête d'oiseau, une corne, un serpent, etc. Telles de ces trompettes étaient si longues et si pesantes qu'il fallait un pied ou potence pour les supporter, pendant que le *sonneur* les embouchait et soufflait dedans à pleins poumons (fig. 141).

Les *trompes* de bergers, faites de bois cerclé d'airain, étaient de lourds et puissants porte-voix, dont, au huitième siècle les pâtres des landes de la Cornouailles ou du pays de Galles ne se séparaient jamais (fig. 143). On sait que les Suisses marchaient au combat au son de deux trompes énormes qu'on avait surnommées *le Taureau d'Uri* et *la Vache d'Unterwald*. Les barons, les chevaliers adoptèrent, comme moyen de transmettre les signaux

Fig. 143. — Trompette de berger. VIII^e s. Ms. anglais, British Museum de Londres.

d'appel que nécessitaient la guerre ou la chasse, des *cornets* beaucoup plus portatifs, qui pendaient à leur ceinture, et dont, à l'occasion, ils se servaient comme de vases à boire. A l'origine ces trompes étaient le plus souvent formées d'une simple corne de buffle ou de bouc; mais, quand on se fut avisé de les travailler délicatement en ivoire, elles prirent ce nom d'*olifant* qui devait devenir fameux dans les vieux romans de chevalerie, où l'olifant joue un rôle si important (fig. 144). Roland, pour ne citer qu'un exemple entre mille, accablé par le nombre dans le vallon de Roncevaux, sonne de l'olifant pour appeler à son aide l'armée de Charlemagne.

Au quatorzième siècle, il y avait dans les corps de troupes des *corneurs*, des *trompeurs* et des *buisineurs*, qui jouaient en des circonstances particulières : les *trompes* sonnaient pour les mouvements des chevaliers ou hommes d'armes ; les *cornes*, pour les

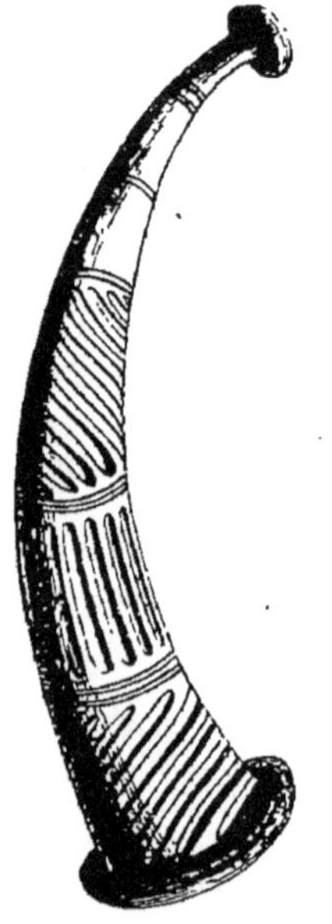

Fig. 144. — Cor ou olifant. XIVe siècle. D'après les *Monuments français* de Willemin.

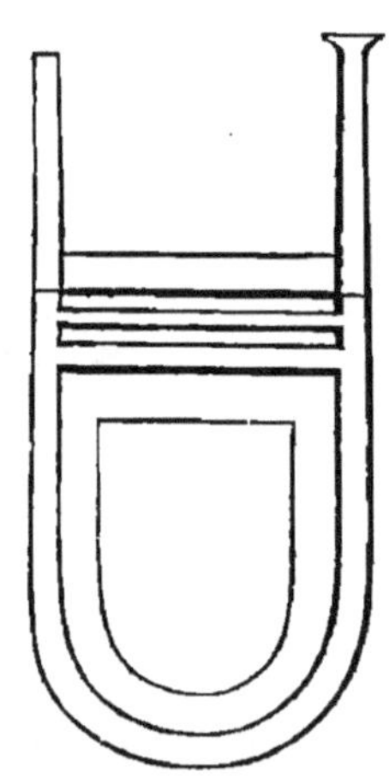

Fig. 145. — Sambute ou saquebute. IXe s. Ms. de Boulogne.

mouvements des bannières ou gens de pied ; et les *buisines* ou clairons, lorsque l'*ost* (camp) entier se mettait en marche. Les hérauts d'armes, qui avaient pour mission de faire les cris ou proclamations sur les voies publiques, se servaient ou de longues trompettes, dites *à potence*, à cause du bâton fourchu sur lequel on les appuyait, ou de trompes *à tortilles*, dont le nom dit assez la disposition. D'ailleurs, le son de la trompe ou du cor accompagnait et consacrait même les actes principaux de la vie privée et de la vie publique des bourgeois. Pendant le repas des grands, on *cornait* l'eau, le vin, le pain; dans les villes, on *cornait* l'ouverture et la fermeture des portes, l'entrée et l'issue du marché, l'heure du couvre-feu, jusqu'à ce que la cloche des beffrois eût remplacé le cornet à bouquin et la trompette de cuivre.

Fig. 146. — Musicien sonnant de la trompette militaire, dessiné et gravé par J. Amman. XVIe siècle.

Polybe et Ammien Marcellin nous apprennent que les anciens Gaulois et Germains avaient la passion des grandes trompettes aux sons rauques. A l'époque de Charlemagne, et mieux encore au temps des croisades, le contact des hommes de l'Occident avec les races asiatique et africaine fit adopter par les premiers les instruments aux sons stridents et éclatants. Ce fut alors que les cors *sarrasinois* en cuivre remplacèrent les trompes en bois ou en corne. Alors aussi parurent en Italie les *saquebutes* ou *sambutes* (fig. 145), dans lesquelles, dès le neuvième siècle, nous trouvons le principe des trombones modernes. Vers la même époque, l'Allemagne perfectionnait les trompettes, en y adaptant le système de trous qui jusqu'alors avait caractérisé les flûtes (fig. 146).

Fig. 147. — Orgue pneumatique. IVe siècle. Sculpture du temps, à Constantinople.

Mais de tous les instruments à vent celui qui eut le caractère le plus imposant et la destinée la plus glorieuse au moyen âge, ce fut l'orgue. Les anciens n'avaient connu que l'orgue hydraulique, où un clavier à 26 touches correspondait à autant de tuyaux, et où l'air, sous la pression de l'eau, rendait les sons les plus variés. Néron passa, dit-on, toute une journée à examiner avec admiration le mécanisme d'un instrument de ce genre.

L'orgue hydraulique, quoique décrit et recommandé par Vitruve, fut peu en usage au moyen âge. Éginhard en signale un, construit en 826 par un prêtre de Venise, et le dernier dont il soit fait mention existait à Malmesbury au douzième siècle : encore celui-là pourrait-il être considéré plutôt comme un orgue à vapeur, car, à l'instar des sifflets avertisseurs de nos locomotives, il fonctionnait par l'effet de la vapeur d'eau bouillante, s'engouffrant dans des tuyaux d'airain.

L'orgue hydraulique avait été de bonne heure abandonné pour l'orgue pneumatique (fig. 147), et la description que nous en donne saint Jérôme s'accorde avec les figures de l'obélisque érigé à Constantinople sous Théodose le Grand. Il faut, cependant, remonter jusqu'au huitième siècle pour constater l'introduction de cet instrument en France. En 757, l'empereur d'Orient Constantin Copronyme envoya au roi Pepin des présents, parmi les-

Fig. 148. — Grand orgue à soufflet et à double clavier. XII^e siècle. Ms. de Cambridge.

quels se trouvait un orgue qui fit l'admiration de la cour. Charlemagne, qui reçut un cadeau semblable du même monarque, fit faire, d'après ce modèle, plusieurs orgues, dont, au dire du moine de Saint-Gall, « les tuyaux d'airain, animés par des soufflets en peau de taureau, imitaient le rugissement du tonnerre, les accents de la lyre et le cliquetis des cymbales ». Ces premières orgues, malgré la force et la richesse de leurs ressources mélodiques, étaient d'une dimension tout à fait portative, et ce fut même par suite de son application presque exclusive aux solennités du culte catholique, que l'orgue se développa sur une échelle gigantesque. En 951, il existait dans l'église de Winchester un orgue divisé en deux parties, ayant chacune sa soufflerie, son clavier et son organiste; 12 soufflets en haut, 14 en bas, étaient mis en jeu par 70 hommes robustes, et l'air se distribuait, au moyen de 40 soupapes, dans 400 tuyaux rangés par groupes ou

Fig. 149. — Orgue à clavier simple du XIVe siècle. Miniature d'un *Psautier latin*. Bibl. nat.

chœurs de 10, à chaque groupe desquels correspondait une des 24 touches de chaque clavier (fig. 148).

Dès le neuvième siècle, les facteurs d'orgues allemands avaient une grande renommée. Le moine Gerbert, qui fut pape sous le nom de Sylvestre II, avait créé, dans le monastère dont il était abbé, un atelier pour la facture des orgues. Ajoutons que tous les traités de musique rédigés du neuvième au douzième siècle entrent dans les plus grands détails concernant la disposition et le jeu de cet instrument. Toutefois, la présence de l'orgue dans les églises ne fut pas sans rencontrer de sérieux adversaires parmi les évêques et les prêtres; pendant que les uns se plaignaient du tonnerre et du grondement des orgues, les autres les mettaient sous la protection du roi David et du prophète Élisée. Enfin, dans le treizième siècle, les orgues eurent droit de séjour incontesté dans toutes les églises, et ce fut à qui en construirait de plus puissantes, de plus magnifiques. A Milan, il y avait un orgue dont les tuyaux étaient d'argent; à Venise, on les fit en or

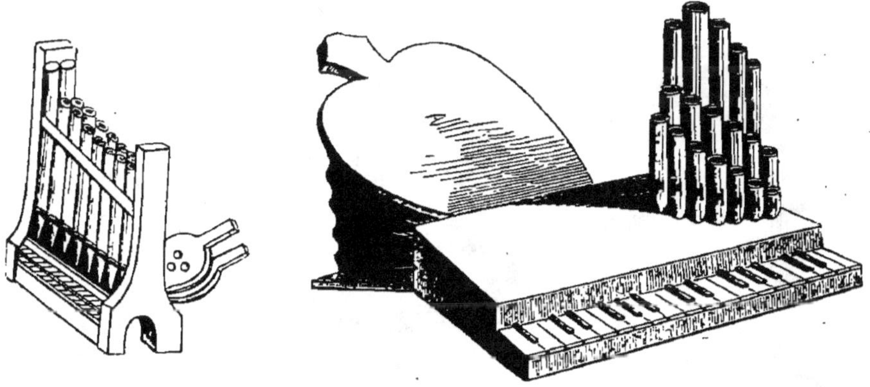

Fig. 150. — Orgue portatif. xve siècle. Miniature du *Miroir historial*, ms. du xve siècle. Bibl. nat.

Fig. 151. — Petit orgue portatif. en usage aux xve et xvie siècles.

pur. Le nombre de ces tuyaux varia et se multiplia à l'infini, selon les effets qu'on voulait obtenir. Le mécanisme était d'ordinaire assez compliqué, le jeu des soufflets fort pénible, et les claviers dans les grandes orgues présentaient des palettes larges de 5 à 6 pouces, que l'organiste, les mains garnies de gros gants rembourrés, frappait à coups de poing pour en tirer des sons (fig. 149).

L'orgue, qui avait d'abord été portatif, s'était conservé aussi avec ses premières dimensions (fig. 150 et 151). Il s'appelait tantôt *portatif,* d'une manière absolue, et tantôt *régale* ou *positif.* C'est en s'accompagnant sur un *positif* que la sainte Cécile de Raphaël chante des hymnes sacrées.

Instruments a percussion. — Ils comprenaient les cloches, les cymbales et les tambours.

Les anciens connaissaient certainement les cloches, les clochettes et les grelots; mais c'est au culte chrétien qu'il faut attribuer l'in-

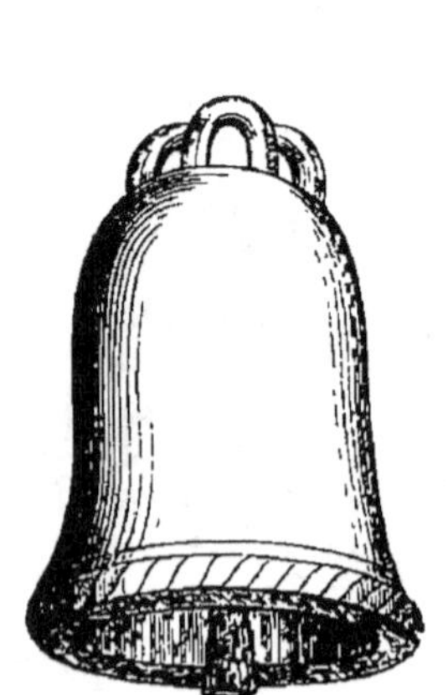

Fig. 152. — *Tintinnabulum,* ou cloche à main, IX^e^ siècle. Ms. de Boulogne.

Fig. 153. — *Saufang* de Sainte-Cécile, à Cologne, cloche du IV^e^ siècle.

Fig. 154. — Cloche d'une tour de la cathédrale de Sienne. XII^e^ siècle.

vention de la cloche proprement dite en métal fondu (*campana* ou *nola,* les premières ayant été faites, dit-on, à Nole), qui fut mise en usage dès l'origine pour appeler les fidèles aux offices. En principe, la cloche était simplement agitée à bras par un moine ou un clerc, qui se tenait devant la porte de l'église, ou montait à cet effet sur une plate-forme élevée. Ce *tintinnabulum* (fig. 152) ou cloche portative passa aux mains des crieurs publics, aux *clocheteurs des trépassés,* et aux sonneurs de confrérie, quand la plupart des églises eurent reçu des *campaniles* ou clochers, dans lesquels on suspendit les cloches de paroisse, qui avaient pris de jour en jour des dimensions plus grandes. Ces grosses cloches, dont le *Saufang* de Cologne (sixième siècle) est un exemple (fig. 153),

Fig. 155. — Carillon. IXe siècle. D'après le ms. de Saint-Blaise.

Fig. 156. — Tympanon. XIIIe s. Sculpture de la maison des Musiciens, à Reims.

avaient été faites d'abord avec des lames de fer battu, superposées et jointes par des clous rivés.

Dès le huitième siècle, on fondit des cloches en cuivre et même en argent. Une des plus anciennes qui subsistent encore est évidemment celle du clocher du Dôme, à Sienne (fig. 154) : haute d'un mètre, elle porte la date de 1159, a la forme d'un tonneau, et rend un son très aigu. La réunion de plusieurs cloches de diverses grosseurs avait naturellement produit le carillon, qui fut d'abord composé d'un cintre en bois ou en fer, auquel étaient suspendues les clochettes que le sonneur frappait avec un petit marteau (fig. 155). Plus tard, le nombre et l'assortiment des cloches s'étant d'ailleurs compliqués, la main du carillonneur fut remplacée par un mécanisme, et ainsi furent créés ces carillons dont le moyen âge eut la passion, et dont certaines villes du Nord sont encore si fières (1).

Les désignations de *cymbalum* et de *flagellum* avaient été dans le principe appliquées à de petits carillons à main; mais il y

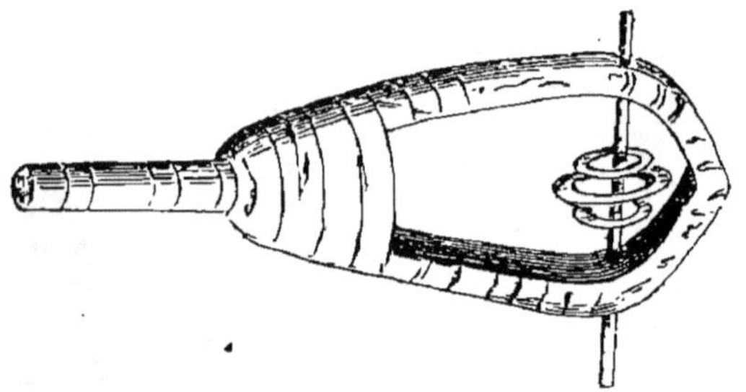

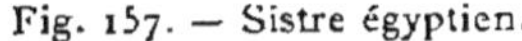

Fig. 157. — Sistre égyptien.

Fig. 158. — Nacaire oriental.

avait, en outre, de véritables cymbales (*cymbala*), rondelles sphériques ou creuses, en argent, en airain, en cuivre, qu'on secouait du bout des doigts ou qu'on s'attachait aux genoux ou aux pieds pour les agiter en gesticulant. Les petites cymbales ou *crotales* étaient des espèces de grelots, que les danseurs faisaient sonner en dansant, comme les castagnettes espagnoles, qui en France, au seizième siècle, s'appelaient *maronnettes,* et qui avaient été auparavant les *cliquettes* des ladres ou lépreux. Les grelots proprement dits devinrent tellement en vogue à une certaine époque,

(1) Voy. l'*Horlogerie* dans LES ARTS ET MÉTIERS AU MOYEN AGE.

que non seulement on en garnissait les harnais des chevaux, mais encore les habits des hommes et des femmes qui, au moindre mouvement, tintaient, résonnaient comme autant de carillons ambulants.

L'usage des instruments de percussion au timbre métallique s'était multiplié en Europe, surtout après le retour des croisades; mais, avant cette époque, on employait dans la musique religieuse et *festivale* le sistre égyptien (fig. 157), composé d'un cercle traversé par des baguettes, qui tintaient en s'entre-choquant, lorsqu'on secouait l'instrument, et le triangle oriental, qui était dès lors à peu près ce qu'il est aujourd'hui (fig. 185).

Le tambour a été, de tous temps, un corps concave, revêtu d'une peau tendue; mais la forme et la dimension de cet instrument en ont fait varier constamment le nom aussi bien que l'usage. Il figure généralement dans la musique de fête et surtout dans les processions; c'est seulement au quatorzième siècle que, du moins en France, il prend place dans les orchestres militaires; les Arabes s'en servaient de toute antiquité. Au treizième siècle, le *taburel* était une sorte de tambourin, sur lequel on ne frappait qu'avec une seule baguette; et le *tympanum* équivalait à notre tambour de basque. Quelquefois, comme l'indique une sculpture de la maison des Musiciens, à Reims, cet instrument était attaché sur l'épaule droite de l'exécutant, qui le faisait sonner à coups de tête, tandis qu'il soufflait dans deux flûtes de métal, lesquelles communiquaient avec le ventre du tambour (fig. 156). Quant aux *nacaires* (fig. 158), dont parle Joinville, c'étaient des timbales dont l'usage fut emprunté aux Orientaux.

Instruments a cordes. — L'ensemble se divise en trois grandes catégories : instruments à cordes pincées, à cordes frappées, et à cordes frottées. A la vérité, quelques-uns appartiennent à ces trois catégories, parce qu'on a employé successivement ou simultanément les trois manières de s'en servir.

Les plus anciens sont, sans nul doute, ceux à cordes pincées, en tête desquels il faut placer, par droit d'ancienneté, la lyre, qui a donné naissance à la cithare, à la harpe, au psaltérion, au nabulon, etc. Une grande confusion s'établit d'ailleurs au moyen âge par le fait que ces noms originaires furent souvent alors détournés de leur acception réelle.

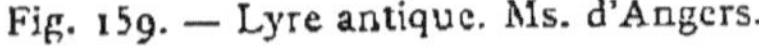

Fig. 159. — Lyre antique. Ms. d'Angers.

Fig. 160. — Lyre du Nord. IXe siècle.

La *lyre*, instrument à cordes par excellence des Grecs et des Romains, conserva sa forme primitive jusqu'au dixième siècle. Le nombre des cordes, qui étaient généralement de boyau, mais quelquefois aussi de laiton, variait depuis 3 jusqu'à 8. Quant à la boîte sonore, toujours placée à la partie inférieure de l'instrument, elle était plus souvent en bois qu'en métal ou en écaille (fig. 159). La lyre se tenait sur les genoux, et l'exécutant pinçait, grattait les cordes d'une seule main, soit avec les doigts, soit en se servant d'un *plectre*. La lyre, dite *du Nord* (fig. 160), qui fut certainement le premier essai du violon, et qui en présente déjà la figure, était fermée par le haut et avait un *cordier* à l'extrémité du corps sonore, ainsi qu'un chevalet au milieu de la table.

La lyre fut détrônée par le psalterium et la cithare. Le *psalte-*

Fig. 161. — *Psalterium* carré à prolongement sonore. IXe siècle. Ms. de la Bibl. nat.

*rium*, qui ne comptait jamais moins de 10, ni plus de 20 cordes, différait essentiellement de la lyre et de la cithare, en cela que le corps sonore occupait le haut de l'instrument. Il y avait des psalteriums carrés, ronds, oblongs ou en forme de bouclier (fig. 162), et quelquefois la boîte harmonique se prolongeait de manière à pouvoir s'appuyer sur l'épaule du musicien (fig. 161). Au dixième

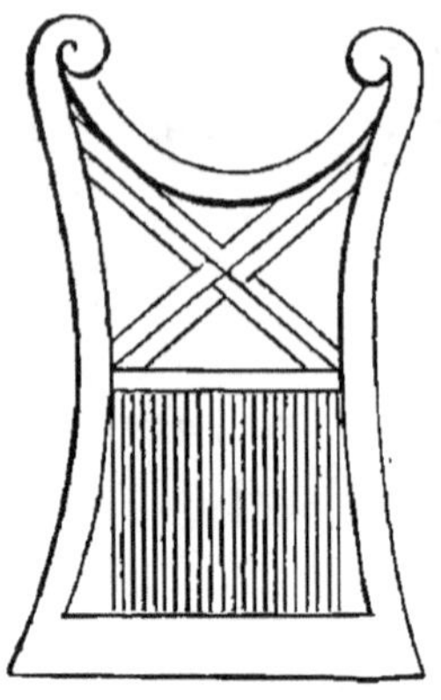

Fig. 162. — *Psalterium* à cordes nombreuses, en forme de bouclier. IX$^{e}$ s. Ms. de Boulogne.

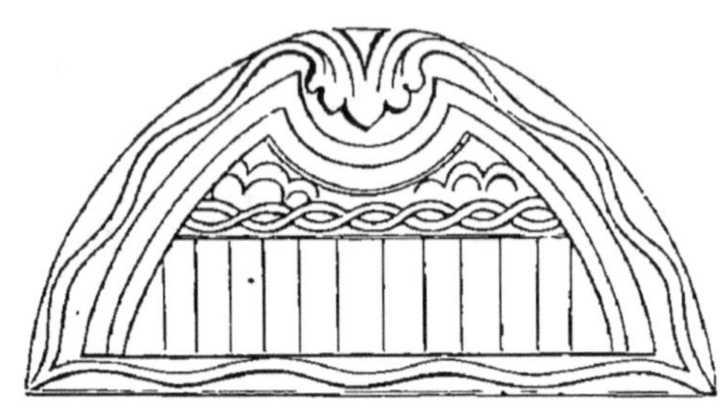

Fig. 163. — *Nabulon*. IX$^{e}$ siècle. D'après le ms. d'Angers.

siècle, on leur préféra la *cithare*, dont le nom avait désigné d'abord toute espèce d'instrument à cordes. La forme de la cithare,

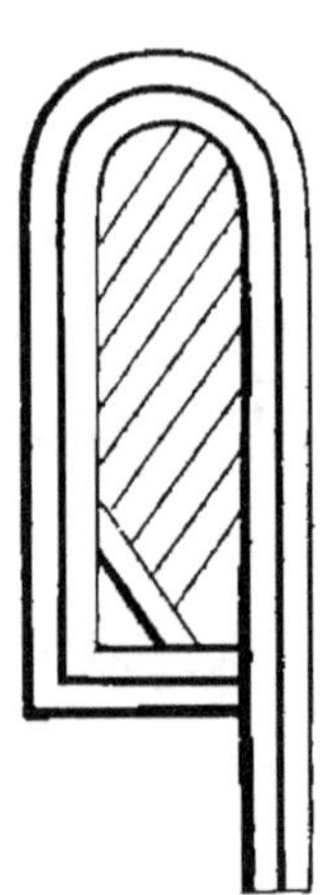

Fig. 164. — Choron. IX$^{e}$ siècle. Ms. de Boulogne.

Fig. 165. — Psaltérion rond. XII$^{e}$ siècle.

qui, du temps de saint Jérôme, ressemblait à un *delta* grec, varia selon les pays, ainsi que le prouvent les épithètes de barbare, teutonique, anglaise, que nous trouvons tour à tour à tour accolées à son nom générique. D'ailleurs elle devint par suite de ces transformations locales le *nabulum*, le *chorus* et le *saltérion* ou *psal-*

Fig. 166. — Joueur de psaltérion. XIVe siècle. Ms. de la Bibl. nat.

*térion* (qu'il ne faut pas confondre avec le psalterium, dérivé primitif de la lyre).

Le *nabulum* (fig. 163), qui avait la forme d'un triangle à coins tronqués ou d'un demi-cercle fermé, et dont la boîte sonore occupait toute la partie arrondie, ne laissait à ses 12 cordes qu'un espace très restreint. Le *choron*, dont la représentation imparfaite dans les manuscrits des neuvième et dixième siècles rappelle la figure d'une longue fenêtre en plein cintre ou d'un **n** capital gothique, offre généralement le prolongement d'un des montants sur lequel on l'appuyait sans doute pour tenir l'instrument à la manière d'une harpe (fig. 164).

Quant au *psaltérion*, qui fut en usage par toute l'Europe du douzième siècle, et qu'on croit originaire d'Orient, où les croisés le trouvèrent, il se composait d'abord d'une caisse plate en bois

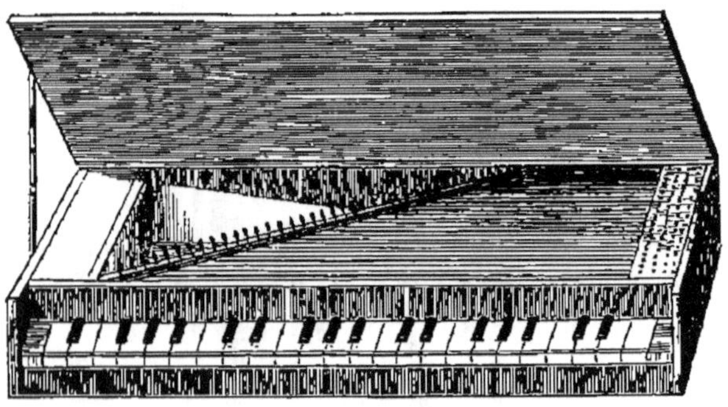

Fig. 167. — Clavicorde du commencement du XVe siècle. D'après Martin Agricola.

sonore, ayant deux côtés obliques, et affectant la forme d'un triangle tronqué à son sommet, avec 12 ou 16 cordes de métal, or et argent, qu'on égratignait à l'aide d'un petit crochet en bois, en ivoire ou en corne (fig. 165). Plus tard, on amincit les cordes et on en augmenta le nombre, qui fut porté jusqu'à 32; on tronqua les trois angles de la boîte sonore, et l'on y pratiqua des ouïes, tantôt une seule au milieu, tantôt une à chaque angle, et jusqu'à cinq, symétriquement disposées. L'exécutant posait l'instrument sur sa poitrine, et l'embrassait, pour en toucher les cordes avec les doigts des deux mains ou avec des plumes ou plectres (fig. 166). Cet instrument, que les poètes et les peintres ne manquaient jamais de faire figurer dans les concerts célestes, avait des sons d'une douceur incomparable. Les vieux romans de chevalerie épuisent toutes les formules admiratives pour le psaltérion; mais le plus grand éloge qu'on puisse faire de cet instrument, c'est de dire qu'il a été le point de départ du clavecin ou des instruments mécaniques à cordes frappées ou grattées.

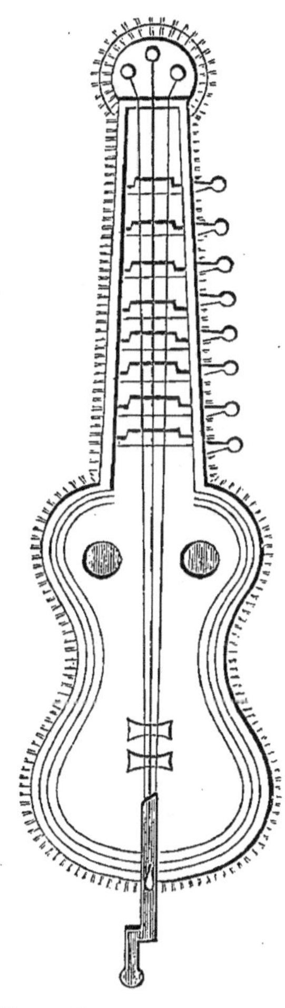

Fig. 168. — *Organistrum.* IX^e s. Ms. de Saint-Blaise.

On croit comprendre, en effet, qu'une sorte de clavecin à quatre octaves nommé au quatorzième siècle *doulcemer*, et imparfaitement décrit, n'était autre chose qu'un psaltérion, dont l'appareil sonore avait pris les proportions d'un grand coffre, et auquel un clavier avait été adapté. Appelé *clavicorde* (fig. 167) ou *manicordion* quand il n'avait que trois octaves, cet instrument donnait, au seizième siècle, de 42 à 50 tons ou demitons; une même corde rendait plusieurs notes, par l'effet de plaques de métal qui, servant de chevalet mobile à chacune, en augmentaient ou diminuaient l'intensité de vibration. Les pianos à queue de nos jours ont certainement le clavier placé comme il l'était dans le doulcemer et le clavicorde. C'est à l'Italie que sont dus les premiers perfectionnements des instruments à cordes de métal et à clavier, qui devaient bientôt faire oublier le psaltérion.

Il y avait, du reste, dès le neuvième siècle, un instrument à cordes dont le mécanisme, assez imparfait, tendait évidemment à remplacer le clavier qu'on appliquait aux orgues; cet instrument était l'*organistrum* (fig. 168), énorme guitare percée de deux ouïes et garnie de 3 cordes, mises en vibration par une roue à manivelle; 8 filets mobiles, se relevant ou s'abaissant à volonté le long du manche, formaient comme autant de touches qui servaient à

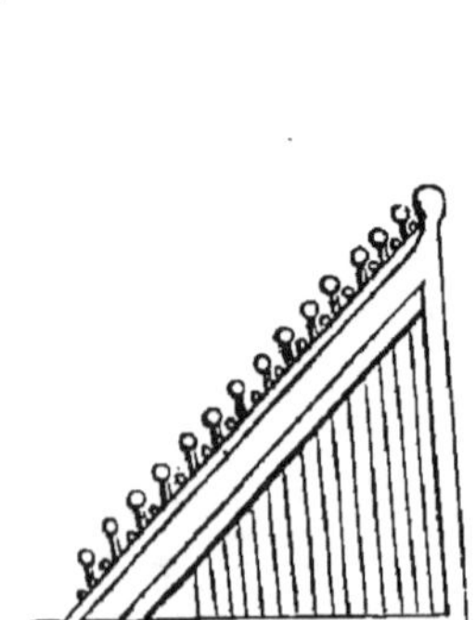

Fig. 169. — Harpe saxonne triangulaire. IXe siècle. Bible de Charles le Chauve.

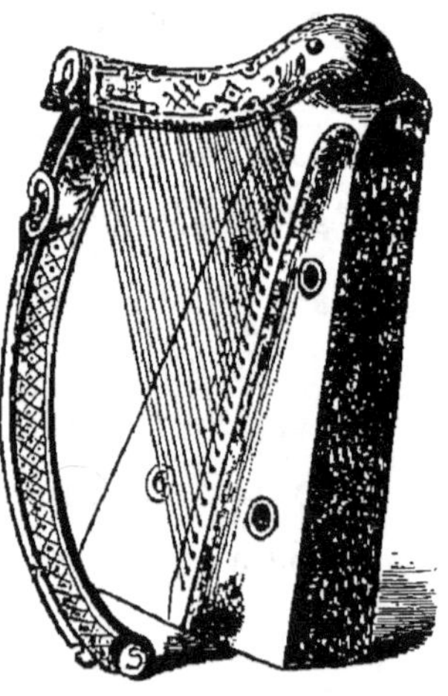

Fig. 170. — Harpe d'O'Brien, roi d'Irlande au Xe siècle. Museum de Dublin.

Fig. 171. — Harpe à quinze cordes. XIIe siècle. Ms. de la Bibl. nat.

varier les sons. A l'origine, deux personnes jouaient l'organistrum, l'une tournant la manivelle, l'autre faisant agir les touches; en diminuant ses dimensions, il devint la vielle proprement dite, qu'un seul musicien put manœuvrer. Elle s'appela d'abord *rubelle, rebel* et *symphonie;* puis ce dernier nom se changea, par corruption, en *chifonie* et *sifonie,* et nous pouvons remarquer que dans certains pays du centre de la France la vielle porte encore le nom populaire de *chinforgne*. La chifonie n'eut jamais place dans les concerts, et tomba presque aussitôt dans les mains des mendiants, qui, s'en allant quêter leur vie aux sons quelque peu discordants et pleurards de cet instrument, en furent appelés *chifoniens*.

Quoi qu'il en fût des efforts tentés dans le but de suppléer par

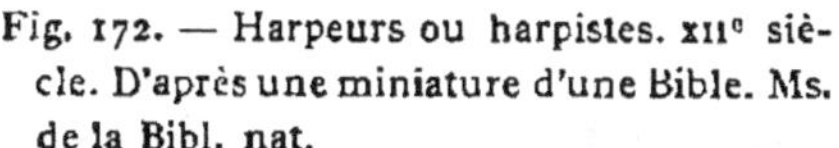

Fig. 172. — Harpeurs ou harpistes. XII^e siècle. D'après une miniature d'une Bible. Ms. de la Bibl. nat.

Fig. 173. — Joueur de harpe du XV^e siècle; d'après un plat émaillé trouvé près de Soissons. Bibl. nat.

des roues et des claviers à l'action des doigts sur les cordes, les instruments à cordes pincées, la harpe, les luths, ne laissaient pas de conserver la prédilection des musiciens habiles.

La *harpe*, dont le nom grec (*harpè*, faulx) dit la forme primitive, a été retrouvée sur une peinture égyptienne, où elle est figurée avec un dos recourbé comme une faucille. En Europe, ce fut d'abord une cithare triangulaire (fig. 169), dans laquelle le corps sonore occupait tout un côté, de bas en haut, au lieu d'être circonscrit à l'angle inférieur de l'instrument, ou relégué à la partie supérieure, comme le psalterium. La harpe anglaise (fig. 170) du neuvième siècle diffère à peine de la harpe moderne : la simplicité et la bonne entente de sa forme attestent déjà une véritable perfection (fig. 171). Depuis, le nombre des cordes et la forme de cet instru-

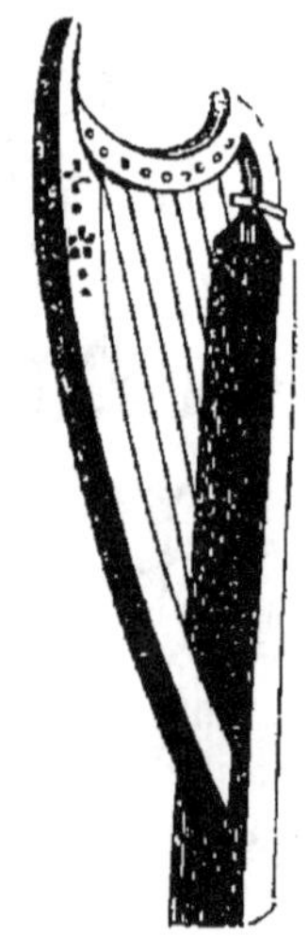

Fig. 174. — Harpe de ménestrel. XV<sup>e</sup> siècle. Ms. du *Miroir historial*.

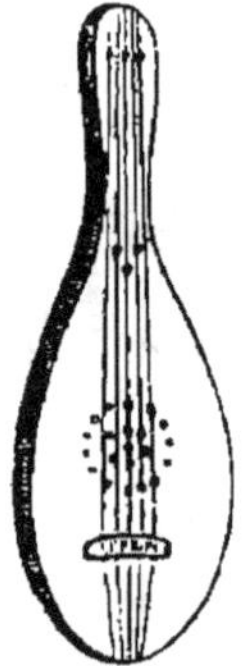

Fig. 175. — Luth à cinq cordes. XIIIe siècle. Bibl. nat.

ment varièrent sans cesse : la caisse sonore fut tantôt carrée, tantôt allongée, tantôt ronde; les bras se firent tantôt droits, tantôt recourbés; souvent le montant supérieur se prolongea en tête d'animal (fig. 172), et souvent l'angle inférieur sur lequel l'instrument reposait à terre se termina en pied de griffon. A en juger d'après les miniatures des manuscrits, les dimensions de la harpe étaient telles, qu'elle ne dépassait pas la tête de l'exécutant, qui en jouait assis (fig. 173). Il y avait, toutefois, des harpes plus légères, que le musicien portait suspendues à son cou par une courroie, et dont il pinçait les cordes en restant debout. Cette harpe portative était l'instrument noble par excellence, celui sur lequel les trouvères aimaient à s'accompager en récitant leurs ballades et fabliaux (fig. 174).

Dans les romans de chevalerie, sans cesse apparaissent les *harpeurs*, et sans cesse retentissent les harpes pour entonner quelque *lai* de guerre ou d'amour, et cela aussi bien au Nord qu'au Midi. « La harpe, dit Guillaume de Machaut,

> tous instruments passe,
> Quand sagement bien en joue et compasse. »

Au seizième siècle, cependant, la harpe est en décadence; on lui préfère le *luth* (fig. 175), qui était d'un grand usage au treizième, et la *guitare*, bien connue des anciens, que l'Italie et l'Espagne ont mis à la mode en France, et qui font les délices de la cour et des ruelles. Alors tout grand seigneur veut avoir son joueur de luth ou de *guiterne*, à l'instar des rois et des princesses, et le poète Bonaventure des Périers, valet de chambre de Marguerite de Navarre, compose pour elle *la Manière de bien et justement entoucher les lucs et guiternes*. Depuis cette époque, le luth et la guitare, qui, pendant deux siècles environ, furent en grande faveur dans ce qu'on appelait « la musique de chambre », n'ont presque pas changé de forme. En se modifiant, ils produisirent le *théorbe* et la *mandoline*, qui n'eurent jamais qu'une vogue passagère ou locale.

Les instruments à cordes frottées ou à archets, qui n'étaient pas connus avant le cinquième siècle et qui appartenaient aux races du Nord, ne se répandirent en Europe qu'à la suite des invasions normandes. Ils furent d'abord grossièrement fabriqués, et ne rendirent que de médiocres services à l'art musical; mais depuis le douzième siècle jusqu'au seizième ils changèrent souvent

Fig. 176. — Crout à trois cordes. IXe siècle. D'après une miniature du temps.

de forme et de nom, en se perfectionnant, à mesure que l'exécution des musiciens se perfectionnait aussi. Le plus ancien de ces instruments est le *crout* (fig. 176), qui devait enfanter la *rote,* si chère aux ménestrels et aux trouvères du treizième siècle. Le crout, que la tradition place aux mains des vieux bardes armoricains, bretons, écossais, se composait d'une caisse sonore oblongue, plus ou moins échancrée des deux côtés, avec un manche qui adhérait au corps de l'instrument, et dans lequel étaient ménagées deux ouvertures permettant de le tenir de la main gauche,

Fig. 177. — Le roi David jouant de la rote ; d'après un vitrail du XIIIe siècle. Chapelle de la Vierge, à la cathédrale de Troyes.

tout en agissant sur les cordes, qui en principe étaient au nombre de trois seulement. Plus tard, il y en eut quatre, puis six, dont deux se jouaient à vide. Le musicien les frottait à l'aide d'un archet droit ou convexe, muni d'un seul fil d'archal ou d'une mèche de crins. Excepté en Angleterre, où le crout était national, il ne subsista pas au delà du onzième siècle; il fut remplacé par la *rote*, qui n'était pas une vielle à roue ou *symphonie*.

Dans les premières rotes (fig. 177), qui furent faites au treizième siècle, l'intention est évidente de réunir les cordes frottées aux cordes pincées. La caisse, non échancrée, et arrondie aux deux

Fig. 178. — Musiciens jouant du violon et de la basse de viole, dessinés et gravés par J. Amman. XVI<sup>e</sup> siècle.

extrémités, est beaucoup plus haute dans le bas, à la naissance des cordes, que dans le haut, près des chevilles, où ces cordes résonnent à vide sous l'action du doigt, qui les attaque par une ouverture, tandis que l'archet les anime près du cordier, en face des ouïes. Il devait être difficile alors d'atteindre avec l'archet une corde isolée, mais il faut noter que l'idéal harmonique consistait pour cet instrument à former des accords par consonnance de tierces, de quintes et d'octave. La rote devint bientôt un nouvel instrument, en prenant la forme que nos violoncelles ont à peu près conservée. La caisse se développa, le manche s'allongea hors du corps de l'instrument, les cordes furent réduites à trois ou quatre, tendues sur un chevalet; les ouïes s'ouvrirent en croissant. Dès ce moment, la rote eut acquis un caractère spécial, qu'elle ne quitta même pas au seizième siècle, quand elle devint la *basse de viole;* c'était là sa vraie destination. La grandeur de l'instrument indiquait la manière de le placer sur les genoux, à terre ou entre les jambes (fig. 178).

La *vielle* ou *viole,* qui n'avait aucun rapport, sinon de forme, avec la vielle de nos jours, fut d'abord une petite rote que le *vielleux* tenait à peu près comme le violon actuel, contre son menton ou contre sa poitrine (fig. 179). La caisse, d'abord conique et bombée, devint insensiblement ovale, et le manche resta court et large. La viole, de même que la rote, formait l'accompagnement obligé de certains chants, et parmi les *jongleurs* qui en jouaient, les bons vielleux étaient rares (fig. 180 et 181). Les perfectionnements de la vielle vinrent la plupart de l'Italie, où le concours d'une foule d'habiles luthiers avait peu à peu formé le *violon.* Avant que le fameux Dnifloprugar, né dans le Tyrol italien, eût trouvé le modèle de ses admirables violons, la vielle avait allongé son manche, échancré ses flancs et donné aux cordes un champ plus étendu, en éloignant le cordier du centre de la table sonore; dès lors, le jeu de l'archet étant plus libre et plus facile, l'exécutant put toucher chaque corde isolément et faire succéder aux monotones consonnances des effets plus caractéristiques.

Il y eut encore au moyen âge, parmi les instruments de la même famille, le *rebec* (fig. 183), si souvent cité dans les écrivains, et pourtant si peu connu, bien qu'il ait encore figuré dans les

Fig. 179. — Diable jouant de la vielle ovale à trois cordes. XIII<sup>e</sup> siècle. Sculpture de la cathédrale d'Amiens.

Fig. 180. — Jongleur jouant de la vielle à quatre cordes. XV<sup>e</sup> siècle. *Heures du Roi René*, ms. de la Bibl. de l'Arsenal.

concerts de la cour au temps de Rabelais, qui le qualifie d'*aulique*, par opposition à la rustique cornemuse.

Fig. 181. — Vielleuse du XIII<sup>e</sup> siècle, tirée d'un plat émaillé de Soissons.

Fig. 182. — Ange jouant de la gigue à trois cordes. XIII<sup>e</sup> siècle. Sculpture de la cathédrale d'Amiens.

Enfin, nous devons mentionner le *monocorde*, que les auteurs du moyen âge citent toujours avec complaisance, bien qu'il semble n'être que la plus simple expression de tous les autres instruments à cordes (fig. 184). Il se composait d'une petite boîte oblongue, sur la table de laquelle étaient fixés, à chaque extrémité, deux chevalets immobiles supportant une corde en métal, tendue de

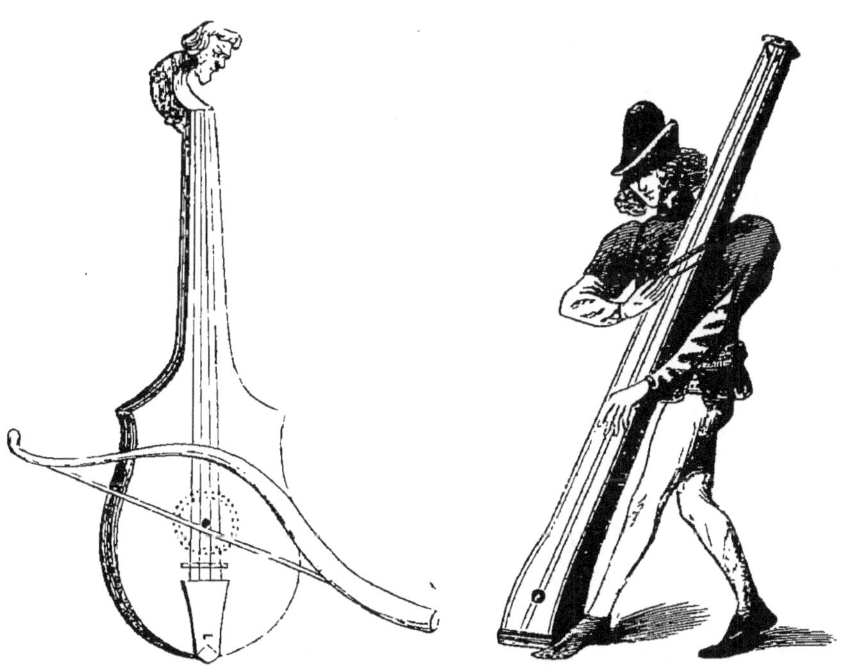

Fig. 183. — Rebec du XVIe siècle; d'après les *Monuments fr.* de Willemin.

Fig. 184. — Long monocorde à archet. XVe s. Ms. de Froissart. Bibl. nat.

l'un à l'autre, et correspondant à une échelle de tons tracée sur l'instrument. Un chevalet mobile, qu'on promenait entre la corde et l'échelle, produisait les sons qu'on voulait obtenir. Au huitième siècle, on voit une sorte de violon ou de mandoline, montée d'une seule corde métallique, qu'on frottait avec un archet de métal. Plus tard, il y eut aussi une espèce de harpe formée d'une longue caisse sonore, que parcourait une seule corde, sur laquelle le musicien promenait un petit archet qu'il maniait d'un mouvement brusque et rapide.

Ce ne sont pas là tous les instruments employés dans le moyen âge et la renaissance; il en est d'autres qui, malgré les plus intelligentes recherches et les plus judicieuses déductions, ne nous sont encore connus que par leurs noms; par exemple, on reste réduit aux plus vagues conjectures touchant les *èles* ou *celes,* l'*échaqueil* ou *échequier*, l'*enmorache* et le *micamon.*

Fig. 185. — Triangle du IXe siècle. Ms. de Saint-Emmeran.

# CHAPITRE III.

Les ballets sous Henri IV et sous Louis XIII. — Instruments : théorbe, guitare, viole, musette, harpe, violon, luth et clavecin. — Jean-Baptiste Lully. — Michel Lambert. — La *bande des 24 violons* et la *petite bande.* — Fondation de l'Opéra. — Quinault. — *Psyché, Atys, Armide, Alceste.* — Colasse, Campra et Desmarets.

Dès que Henri IV fut rentré en possession de Paris, que les ligueurs avaient occupé plus de trois ans, la musique reconquit tous ses droits : les gens du peuple dansaient aux chansons dans les rues, et il y eut ballet au Louvre le dimanche 3 novembre 1594. Il convenait à la musique de disposer les esprits aux charmes de la paix et d'annoncer la destruction prochaine de la Ligue. La chapelle royale s'était reformée sous la direction de Beaulieu et de Salmon, anciens maîtres de musique de la chambre du feu roi; c'était à ces deux artistes que l'on devait le fameux ballet joué en 1582 à la cour d'Henri III, et qui garda le titre de *Ballet de la reine* (fig. 186).

Le roi avait déjà choisi, pour compositeur de sa chambre, un très habile homme, Claude Lejeune, dit Claudin de Valenciennes, qui exécutait lui-même ses compositions avec un merveilleux talent. Il fit paraître à Paris, en 1594, un *Recueil de plusieurs chansons et airs nouveaux mis en musique.* Sa première publication avait été un *Livre de mélanges*, en 6 volumes in-folio (1585). Il publia, jusqu'à sa mort arrivée en 1603, plus de vingt volumes

Fig. 186. — Représentation d'un ballet devant Henri III et sa cour, dans la galerie du Louvre. Fac-similé d'une gravure sur cuivre du *Ballet de la Royne* (1582).

in-4°, sous divers titres tels que *Dodécacorde, le Printemps, les Psaumes,* etc.

Deux autres compositeurs fort estimés, qui avaient eu de grands succès à la cour de Charles IX et d'Henri III, figuraient encore avec éclat à la cour d'Henri IV. L'un, Jacques Mauduit, né à Paris en 1557, s'était fait connaître d'abord par la messe en musique qu'il composa, en 1585, pour le service funèbre de son ami Ronsard. Cette messe fut considérée comme le chef-d'œuvre de la musique sacrée, à ce point qu'on ne trouva rien de mieux que de la faire exécuter, vingt-cinq ans plus tard, aux funérailles d'Henri IV. Jacques Mauduit passait pour le plus savant maître dans la science du contrepoint, et l'année même de sa mort (1627), le P. Mersenne, dans son grand ouvrage de *l'Harmonie universelle,* lui décerna le titre de *Père de la musique.*

Eustache du Caurroy, né près Beauvais en 1549 et mort en 1609, dut aussi à une messe des morts sa première réputation, quoique cette messe, au dire des connaisseurs, ne soit qu'un contrepoint perpétuel, composé de notes carrées, semblables à celles du plain-chant. Il fut maître de chapelle d'Henri IV et devint alors, comme l'étaient avant lui ses deux prédécesseurs, prieur de Saint-Aïeul de Provins et chanoine de la Sainte-Chapelle de Paris. Il composa une multitude de gavottes et d'airs de danse noble ou joyeuse, qui, après avoir été applaudis dans les ballets, furent répétés de bouche en bouche, et fournirent le chant des noëls populaires. On lui attribue encore la chanson de *Vive Henri IV* (fig. 187) et la romance de *Charmante Gabrielle.* Le cardinal du Perron composa l'épitaphe latine « de cet homme pieux et modeste, disait-il, que non seulement la France, l'Espagne et l'Italie, mais encore l'Europe entière a déclaré prince des musiciens ».

La musique instrumentale que préférait Henri IV était celle des instruments à cordes : le luth et la viole. Il avait attaché à sa personne plusieurs habiles joueurs de luth, entre autres Périchon et les deux frères écossais Jacques et Charles Hadington. Sa première femme, Marguerite de Valois, qui passa tout le temps de la Ligue dans le château d'Usson, en Auvergne, y entretenait un corps de

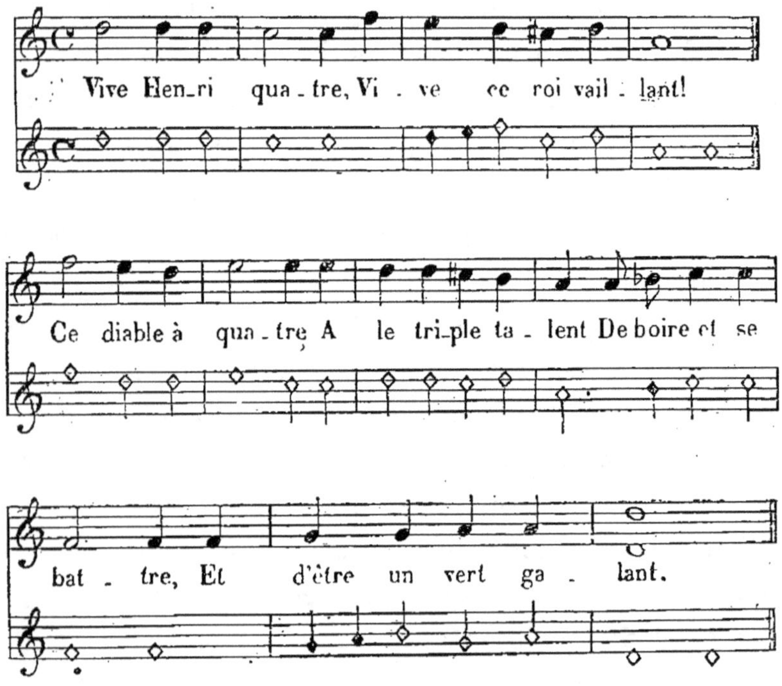


Fig. 187. — Air de *Vive Henri IV*. XVIe siècle.

musique, dont le chef était un Italien nommé Comini ; elle chantait elle-même, en s'accompagnant du théorbe, et quand elle revint tenir sa cour à Paris, après son divorce, elle amena ses musiciens avec elle, sans avoir pu en trouver un qui remplaçât son fameux joueur de viole, nommé Gautier, qu'elle avait perdu en 1600. Outre les *vingt-quatre violons de la grande bande,* qui se recrutaient dans la communauté des ménétriers de Paris, il y avait, dans les musiques de la chambre du roi, des joueurs de luth et de théorbe, de viole et de basse de viole. Le clavecin était réservé pour les compositeurs et pour quelques virtuoses émérites. Tous les instruments se fabriquaient en France, mais bien des fabricants étaient allemands ou italiens.

Il n'existait pas encore de musique de théâtre populaire sous le règne d'Henri IV, si ce n'est peut-être à la Comédie italienne, qui vint s'établir à Paris pendant deux ou trois hivers consécutifs. Le roi y avait pris goût, maisla population bourgeoise restait froide et indifférente pour ce genre de spectacle comique, mêlé de chants. La principale actrice de cette troupe nomade était Isabelle Andreini, de Padoue, si célèbre par sa beauté, sa grâce, son esprit et son talent scénique : elle chantait délicieusement et jouait de plusieurs instruments. Henri IV ne se lassait pas de la voir et de l'entendre; il eût voulu la retenir en France, et il espérait qu'elle y reviendrait, lorsqu'il apprit qu'elle était morte à Lyon, en 1604. Le théâtre de l'hôtel de Bourgogne, dont les acteurs étaient loin de valoir, pour la farce, ceux de la Comédie italienne, n'avait pas d'autre musique que des chansons *folâtres,* chantées ou plutôt mimées, dans les entr'actes, par un de ses comédiens, nommé Étienne Bellonne, qui jouait de la guitare.

L'art musical fit des progrès sensibles, dans tous les genres, sous le règne de Louis XIII. Les ballets de cour, qui avaient fait fureur depuis 1582, où l'on représenta le fameux *Ballet comique de la reine,* se multiplièrent à l'infini, non seulement chez la reine mère et chez le jeune roi, mais encore chez les grands seigneurs. Ces ballets donnaient lieu à toute espèce de musique instrumentale, pour les entrées des personnages, qui y figuraient avec des costumes analogues à l'idée dominante de chaque entrée : cette musique était tour à tour, selon le sujet, noble et majestueuse, triste ou gaie, lente ou vive, sérieuse ou bouffonne : elle réglait et caractérisait les danses, les gestes et la mimique de chaque entrée, car un ballet se divisait ordinairement en actes ou *parties*, dont les *entrées* formaient les scènes.

Ces ballets, dans lesquels Henri IV se plaisait à prendre un rôle sous le masque, portaient des titres qui font supposer ce qu'ils pou-

Fig. 188 à 192. — Costumes de ballet, d'après le ballet de *la Délivrance de Renaud* (1617), publié et imprimé par Pierre Ballard, imprimeur de la musique du roi.

Les personnages sont, de gauche à droite : 1. Le démon des fous (M. de Gondy, comte de Joigny, général des galères). — 2. Un monstre. — 3. Le démon avaricieux (M. de Chalais). — 4. Un monstre. — 5. Le démon des Maures (M. de Brantes).

vaient être : *les Grimaceurs, les Folles, les Barbiers*, en 1598; *les Coqs, l'Inconstance, les Souffleurs d'alchimie*, en 1604; *les Enfants fourrés de malice, les Bacchantes, les Dieux marins*, en 1608. Sous Louis XIII, on recherche, on adopte, pour les ballets de cour, des titres et des sujets encore plus bizarres et plus burlesques : *les Usuriers, les Avares*, en 1611; *Don Quichotte, les Dix verds*, en 1614; *les Amants captifs, les Pygmées*, en 1615.

La musique, dans tous ces ballets, jouait un rôle très important. « Les ballets de cour, » dit M. Chouquet, « offraient à leurs auteurs un champ aussi propice à la musique vocale qu'à la musique de danse et à la fantaisie. Dialogues, airs et récits, portraits, devises et madrigaux, décors magnifiques et machines merveilleuses, danses variées, symphonies et chœurs, ces récréations théâtrales composaient tous les éléments de succès imaginables. » Ainsi, dans *la Délivrance de Renaud* (fig. 188 à 192), ballet imité de l'Arioste, dansé par Louis XIII, le 29 janvier 1617, Mauduit, qui en avait composé les principaux airs avec Pierre Guesdron, surintendant de la musique du roi, dirigeait 64 chanteurs, accompagnés par 28 violes et 14 luths, cachés aux yeux des spectateurs; Guesdron, de son côté, disposait de 45 instruments avec 92 voix; Belleville, qui s'était chargé de la partie chorégraphique, avait écrit la plupart des airs de danse.

C'était de ces ballets qu'on tirait les *airs de cour*, dont la tablature était fort simple et s'appliquait à divers instruments; ils offraient souvent des mélodies pleines de grâce et de charme. Citons, parmi leurs auteurs, Gabriel Bataille, qui fut aussi excellent luthiste; Henri de Bailly, qui devint surintendant de la musique du roi, après Guesdron; Antoine Boesset, qui publia neuf livres d'airs, de 1617 à 1642, et qui mourut, en 1643, surintendant de la musique des chambres du roi et de la reine. On peut estimer à *cent cinquante* le nombre des ballets de cour qui furent dansés sous Louis XIII et qui n'étaient que le prélude de la musique dramatique.

Louis XIII avait toujours aimé la musique (fig. 193), et lui-même était musicien, puisque dans le ballet qu'il dansa, le mardi gras 1618, il avait composé un air de danse, dont Beauchamp, un des vingt-quatre violons du roi, fit la basse. On a même conservé un livre de ses compositions musicales, écrit de sa main. Il avait fait aussi des airs de chasse et mis des psaumes en musique. Un jour,

Fig. 193. — *La Musique*, allégorie, d'après une gravure de Rousselet. XVII^e siècle.

en 1630, Louis XIII fut tellement satisfait d'entendre jouer Guillaume du Manoir, un des meilleurs violons de la communauté des ménétriers, qu'il lui fit expédier des lettres patentes par lesquelles il le nommait *roi des violons*, avec pouvoir de délivrer des lettres de maîtrise, moyennant 10 livres, pour établir des corps de sa profession dans toutes les provinces du royaume.

Les compositeurs de musique de chambre, en ce temps-là, laissaient aux maîtres de chapelle la spécialité de la musique d'église : cependant, Eustache du Caurroy et Jacques Mauduit s'étaient plus fait connaître par leurs messes, savantes en contrepoint, que par leurs airs à 4 et à 5 parties. Il y avait des maîtrises dans toutes les cathédrales, des maîtres de chapelle chez plusieurs grands seigneurs. Annibal Gantez, dans son *Entretien des musiciens* (1643), dit que le maréchal de Saint-Géran entretenait « une aussi bonne chapelle qu'aucun seigneur de son siècle ».

Les organistes ou musiciens d'église étaient donc aussi nombreux que les musiciens de chambre. « Les musiciens d'église voyagèrent beaucoup dans tous les temps », dit M. Toinan dans la préface de son édition du curieux ouvrage de Gantez; « chantres ou maîtres de musique partaient à cheval quelquefois, à pied le plus souvent, et allaient de ville en ville, de cathédrale en cathédrale, recevant l'hospitalité d'un confrère, d'un curé, ou d'un chanoine, couchant à la belle étoile, et faisant de plus ou moins longs séjours dans les chapitres où ils réussissaient à trouver de l'emploi. Cela s'appelait *vicarier*. Le changement de maîtrise était considéré comme un moyen d'acquérir du talent. » Gantez dit à ce sujet : « Jamais un musicien ne fut estimé s'il n'a un peu voyagé. »

Le compositeur de musique d'église le plus connu à cette époque fut Arthur Auxcousteaux, de Saint-Quentin, élève de Jean-Valentin Bournonville, chef de la maîtrise de cette ville. La protection du premier président Molé le fit nommer maître de musique à la Sainte-Chapelle de Paris. Il publia, depuis 1631 jusqu'à sa mort, en 1656, un grand nombre de messes et de chants pieux. C'était un musicien instruit, qui écrivait avec plus d'élégance et de pureté que la plupart de ses confrères. Nicolas

Fig. 194. — Femme jouant de la viole; d'après une gravure de Leblond. XVIIe siècle.

Formé, de Paris, avait succédé à du Caurroy, comme maître de musique du roi; ses compositions, considérées comme des chefs-d'œuvre, se chantaient dans toutes les églises de France. Il mourut en 1638, et eut pour successeur, à la maîtrise de la cour,

Eustache Picot, d'Évreux, qui avait composé de très beaux morceaux de musique sacrée. Aux obsèques de Louis XIII, il émut tout l'auditoire aux accents plaintifs d'un chant funèbre qu'il faisait exécuter par ses chantres. Nommons encore Jean Veillot, maître de chapelle à Notre-Dame de Paris, et Pechon, à Saint-Germain l'Auxerrois; Vincent, chez le comte d'Angoulême; Métru, chez les Pères jésuites; Denis Macé, chez le chancelier Seguier, et Thomas Gobert, chez le cardinal Mazarin.

Les savants commencèrent, sous Louis XIII, à étudier la théorie de la musique, qu'on regardait toujours comme faisant partie des sciences mathématiques. Descartes, à peine âgé de vingt-deux ans, avait rédigé en 1618 un *Abrégé de la musique,* où il aurait corrigé bien des erreurs, s'il eût plus tard rectifié lui-même ce qu'il avait avancé d'après l'autorité d'autres théoriciens. Dix-huit ans après, le P. Mersenne publia son *Harmonie universelle,* d'abord en latin, puis en français. Dans le tome I^er^, in-folio, de l'édition française (1636), il traite des sons et des mouvements, des consonances et des dissonances, des genres, des modes, de la composition, de la voix, des chants, et de toutes les espèces d'instruments harmonieux. Le tome II contient la pratique des consonances et des dissonances dans le contrepoint figuré, la musique accentuelle, la rythmique, la prosodie et la musique française. « Il n'y eut jamais », dit Ch. Perrault, « une recherche plus curieuse sur tout ce qui regarde la musique, à l'égard de laquelle il semble n'avoir presque rien oublié de ce qui peut en donner une parfaite connoissance. »

Il est impossible de citer les noms de tous les bons instrumentistes, même en groupant ces noms par catégories d'instruments. Le théorbe, instrument difficile, employé dans les solos malgré sa faible sonorité, avait pour interprètes : Lemoine, Pinel,

Hure et Devisé; la guitare, Martin, Francisque, Valroy et Corbette; la viole (fig. 194), Hotteman, Sainte-Colombe, Desmarest et Du-

Fig. 195. — Femme jouant du clavecin; d'après une gravure de Leblond. XVIIe siècle.

buisson; la musette et le hautbois, Destouches; la harpe, Flesle; le cor, Livet. Les plus habiles joueurs de violon étaient Bocan, Constantin, roi des violons et maître des ménétriers, Guillaume du Manoir, son successeur direct; les meilleurs joueurs de luth,

Lenclos, Mesengeau, Hemon, Blancrochet, Galot, les deux Gauthier et les Dubut; les plus excellents organistes et clavecinistes (fig. 195), les trois Couperin, Louis, François et Charles, Hardelle, Richard, Titelouze et Chambonnières.

Mais l'art du chant se développa beaucoup plus tard; il n'existait guère alors qu'à l'état de nature; les bons maîtres manquaient absolument, et quand Michel Lambert, né en 1610 dans un bourg du Poitou, vint à Paris jouer du luth et du théorbe chez les grands seigneurs, le cardinal de Richelieu, qui l'entendit avec plaisir et qui se l'attacha en qualité de *domestique*, lui permit d'exercer sa profession de maître de chant, en le faisant nommer maître de musique de la chambre du roi. Lambert chantait lui-même avec beaucoup de sentiment et d'expression, mais il ne connaissait de son art que quelques ornements. Il n'en fut pas moins très recherché, surtout par les dames de la cour, comme professeur, et il fonda une école qui fit sa fortune.

Cependant, il n'y avait pas encore de véritables chanteurs en France, et l'on n'appréciait guère le chant italien, qu'on avait l'occasion d'entendre, à Paris, dans les comédies que les troupes italiennes représentaient, soit à l'hôtel de Bourgogne, soit au théâtre du Marais, lorsqu'elles vinrent à deux ou trois reprises essayer l'effet de leur répertoire sur le public français. Enfin, une de ces troupes donna, en 1645, plusieurs représentations d'une pièce en musique, ornée de machines du célèbre Torelli : *la Festa teatrale della finta Pazza* (Fête théâtrale de la Feinte Folie). Trois bonnes cantatrices, Louise Locatelli, Julie Gabrielli et Marguerite Bertolazzi, chantaient dans cette espèce d'opéra, qui ne trouva pas plus de sympathie à la ville qu'à la cour. Mme de Motteville, dans ses *Mémoires*, a constaté l'indifférence de ses contemporains pour la musique italienne : « Ceux qui s'y connoissent estiment fort les Italiens, dit-elle; pour moi, je trouve que la longueur du spectacle diminue fort le plaisir, et que les vers, naïvement répétés, représentent plus aisément la conversation et touchent plus les esprits, que le chant ne délecte les oreilles. »

La première représentation de la pièce italienne en musique avait eu lieu, le 14 décembre, au Petit-Bourbon; Mazarin en fit reprendre les représentations, au mardi gras de 1646, dans la salle du Palais-Royal, devant vingt ou trente personnes seulement. Mme de Motteville revient à la charge pour déclarer que toute l'assemblée pensa mourir de froid et d'ennui. Mazarin ne se tint pas pour battu; il dépensa, dit-on, plus de 500,000 livres, pour faire représenter au Palais-Royal un véritable opéra italien, avec récitatifs et ballets, intitulé *Orfeo* (mars 1647). Rien ne fit; l'esprit français restait toujours réfractaire à la musique italienne, et la Fronde empêcha de nouveaux essais qui n'eussent pas mieux réussi. On se servit des machines d'*Orfeo* pour l'*Andromède,* tragédie lyrique de Corneille, jouée en 1650, avec musique de d'Assoucy.

Ce fut seulement en 1658 que la musique italienne, dont personne ne voulait, reparut au théâtre du Petit-Bourbon, avec une nouvelle troupe, qui y représenta la *Rosaure, impératrice de Constantinople,* « avec les plus agréables et magnifiques vers, musique, changements de théâtre et machines, entremêlée entre chaque acte de ballets d'admirable invention ». On revint, l'année suivante, à une tentative qui avait été faite avec succès en 1650, lorsque Cambert écrivit quelques airs pour une grande pièce de Chapoton, *la Descente d'Orphée aux Enfers,* qui fut représentée au théâtre du Marais. Le même Cambert mit en musique une comédie française, *la Pastorale,* versifiée par l'abbé François Perrin (1659), et l'on chanta huit ou dix fois au village d'Issy, dans la maison du sieur de la Haye, riche financier, cette comédie, dont les rôles étaient remplis « par plusieurs *particuliers*, qui, par pur esprit de galanterie, donnèrent au public, » dit Beauchamp dans ses *Recherches sur le théâtre*, « ce nouveau spectacle en France ». Le cardinal Mazarin fit demander aux auteurs de ce véritable opéra de venir à Vincennes avec leur troupe et leur orchestre, pour y représenter avec le roi « la première comédie françoise mise en musique ». Le mérite de cette musique et le succès qu'elle obtint alors auraient décidé la création d'un théâtre spécial, si le cardinal n'était pas mort en 1661.

Les faiseurs de ballets de cour repoussèrent de toutes leurs forces ces pièces de musique, qui ne pouvaient être représentées que sur un théâtre, et qui devaient par conséquent faire disparaître leurs ouvrages, dans lesquels le plaisir de la danse confondait les courtisans et le roi lui-même avec les danseurs de profession. Molière, d'ailleurs, avait eu l'idée d'ajouter à ses comédies la musique et le ballet, comme des accessoires agréables, que Louis XIV accueillait avec la plus grande faveur; aussi bien, un grand musicien, non pas Français, mais élevé et formé en France, venait de se produire : le Florentin Jean-Baptiste Lully composait la musique des intermèdes dans les comédies et les divertissements de Molière (fig. 196 et 197). Le roi, pendant huit ans, ne voulut pas qu'on lui parlât de faire chanter des *opéras* et de représenter des pastorales et des tragédies en musique.

Louis XIV avait toujours aimé la musique comme son père, mais il n'en composait pas; il se bornait à la lire et à la chanter, car il avait la voix juste, et il savait la conduire avec goût. Dès sa première jeunesse, la reine mère mit près de lui, pour lui apprendre le chant, un enfant de son âge, né à Rome en 1638, de parents suisses, qui l'avaient amené en France, parce qu'il était doué d'une des plus belles voix de dessus ou soprano qu'on eût jamais entendues. Cet enfant, nommé Antonio Bannieri, petit, laid,

Fig. 196. — *Le Silicien* ou *l'Amour peintre* (scène XIII), opéra de Lully (1668). D'après Boucher.

contrefait, se faisait pardonner, par sa voix, tous ses défauts physiques. Le jeune roi ne se lassait pas de l'écouter, chantant debout sur une table. Bannieri, qui mourut à cent deux ans, avait encore, parvenu à ce grand âge, une voix très sonore et d'une beauté singulière.

Avant de parler de la musique dramatique, qui ne date en France que du règne de Louis XIV, il faut voir quels furent sous ce règne, jusqu'à la fin du siècle, la musique de chambre, vocale et instrumentale, et la musique d'église.

La musique de la chapelle et de la chambre du roi passait à bon droit pour la plus accomplie qu'il y eût dans toutes les cours de l'Europe, et Pierre Bonnet (Bourdelot), dans son *Histoire de la musique*, fait honneur de cette perfection au roi lui-même, qui avait l'oreille si délicate et juste, qu'il distinguait dans une troupe de musiciens celui qui sortait du ton ou qui faisait une fausse note. Lorsque Robert était maître de la chapelle avec Dumont, le roi lui ordonna d'introduire des symphonies de violons dans les motets; Dumont s'y refusa, mais Robert essaya d'obéir au roi, qui ne fut pas satisfait et qui lui conseilla de refondre tous ses motets. Robert était trop vieux pour entreprendre pareille besogne. Ce fut un jeu pour Lully, que Louis XIV chargea de mettre en musique avec symphonie les psaumes qui se chantaient dans la chapelle de Versailles. Robert ne se retira qu'en 1682 et fut remplacé par quatre maîtres de chapelle, que le roi nomma lui-même après un concours mémorable, et qui furent Colasse, Goupillet, Minoret et Lalande, ce dernier âgé de vingt-quatre ans, et déjà organiste dans quatre églises de Paris.

Les organistes de la chapelle, depuis la mort de l'abbé de la Barre en 1678, étaient Lebègue, Buterne, Tomelin et Nivert. Il y avait aussi de très bons maîtres de chapelle, à Paris et en province; mais le maître par excellence était Michel Richard de la Grange, né en 1657, qui, d'enfant de chœur, devint surintendant de la musique du roi. Il s'était exercé d'abord à jouer du violon, pour entrer dans l'orchestre de l'Opéra; Lully ne l'ayant

Fig. 197. — Frontispice d'*Atys*, tragédie en musique de Lully, publié par Christ. Ballard en 1676; dessiné par Chauveau et gravé par Lalouette.

pas admis, il brisa son instrument pour se faire organiste. Il inventa un nouveau genre de chant d'église, moins monotone et plus léger que l'ancien. On admirait surtout ses fugues, composées dans un mouvement vif, et entremêlées de traits de symphonie et de chants agréables.

Les fabriques des paroisses de Paris se faisaient un point d'honneur d'avoir de bonne musique et de bons organistes, parce que la foule se portait partout où les offices étaient bien chantés. Mme de Sévigné, étant à Saint-Paul et entendant chanter un *Credo*, ne put s'empêcher de s'écrier : « Ah! que cela est faux! » Le maître de musique de la Sainte-Chapelle, René Ouvrard, était un très habile homme, qui avait publié en 1660 *le Secret de composer de la musique par un art nouveau.* Le plus fameux de tous pour manier la fugue, Louis Marchand, né à Lyon en 1669, jouait ordinairement aux églises de Saint-Benoît et du couvent des Cordeliers, et l'on y courait pour l'entendre; il improvisait avec un talent inépuisable et ne songeait pas à écrire sa musique. Enfin, Lebègue resta organiste de Saint-Merry jusqu'à sa mort, en 1702 : il avait un talent d'exécution inconcevable, et il employait dans son jeu la main d'un de ses élèves, qu'il tenait caché à côté de lui et qui l'aidait ainsi à produire des effets prodigieux.

La musique instrumentale avait acquis de nouveaux représentants, depuis le règne de Louis XIII, à la cour et dans la bonne compagnie. La belle Ninon de Lenclos, dont le père était luthiste et violiste du feu roi, excellait aussi à jouer des mêmes instruments que son père et donnait chez elle des concerts, où affluait le beau monde. Le luth était encore l'instrument préféré : Gauthier et Vallet excellaient à en jouer, et le dernier publia un ouvrage intitulé : *le Secret des Muses,* qui n'était que la vraie manière de bien jouer du luth. Un habile joueur de guitare, François Corbet, qui avait voyagé dans les cours étrangères, fut appelé à Versailles par ordre du roi et attaché à sa maison.

Louis XIV avait pour la guitare (fig. 198 et 199) un goût de prédilection, car, pendant sa minorité, le cardinal Mazarin fit venir

Fig. 198. — Femme personnifiant l'*ouïe* (Auditus) et jouant de la mandore; d'après une gravure d'Abraham Bosse. XVII^e siècle.

d'Italie un bon maître pour lui apprendre à jouer de cet instrument qui était à la mode, et après un an de leçons, l'élève avait égalé le maître. Quelques instruments, autrefois très appréciés, tels que la viole et la musette, ne se jouaient presque plus; cependant, Tondini, de Savoie, bon facteur d'orgues, était un remarquable joueur de musette (fig. 200), et Marin Marais, né à Paris, en 1656, professeur de viole, avait fait connaître tout le parti

Fig. 199. — Dame de qualité jouant de la guitare; d'après une gravure de H. Bonnart (1695).

qu'on pouvait tirer de cet instrument, auquel il avait ajouté une septième corde; il savait aussi faire filer les cordes des basses, de manière à augmenter l'étendue et la beauté du son. Il n'eut pour rival que le célèbre Antoine Forqueray.

La musique vocale était peu cultivée parmi les gens de cour

et les gens du monde. Michel Lambert, dont la réputation datait du règne de Louis XIII et n'avait fait que s'accroître, avait à

Fig. 200. — Un homme en habit de berger, jouant de la musette; gravé, d'après C. David, par Leblond. XVII^e siècle.

lui seul plus d'élèves que tous les autres professeurs de chant; sa maison était devenue le rendez-vous de tout ce qu'il y avait de personnes distinguées qui aimaient la musique.

Quant aux joueurs de violon, qui sortaient tous de la maîtrise du violon et de la communauté des anciens ménétriers, ils ne péchaient pas par l'exécution, mais ils ne savaient pas grand'chose en musique, quoique les plus habiles fissent partie de la bande des vingt-quatre violons du roi. Jean-Baptiste Lully (1633-87) (fig. 201), né à Florence, et venu en France, à l'âge de treize ans avec le chevalier de Guise, avait appris presque seul à jouer du violon, et il acquit un talent tellement supérieur à celui de tous les musiciens français, que le roi créa en sa faveur une nouvelle bande, qu'on nomma *les Petits violons,* qui éclipsèrent l'ancienne.

Louis XIV, qui, si l'on en croit Perrault, « jouoit de cet instrument d'une manière dont personne n'a jamais approché, » prenait un singulier plaisir à entendre Lully exécuter sa propre musique. « Quand il est venu en France », disait Perrault, dans ses *Hommes illustres* publiés en 1696, « il y avait près de la moitié des musiciens qui ne savoient pas chanter à livre ouvert; la plupart de ceux mesme qui chantoient chez le Roy apprenoient leur partie par cœur, avant que de la chanter. Aujourd'hui, il n'y a presque plus de musiciens, soit de ceux qui chantent, soit de ceux qui touchent des instruments, qui n'exécutent sur-le-champ tout ce qu'on leur présente, avec autant de justesse et de propreté que s'ils l'avoient estudié pendant plusieurs journées. »

Au moment où Perrault faisait cet éloge des musiciens que Lully avait formés, les quatre jurés violons, qui avaient plaidé, au nom de la maîtrise du violon, pendant plus de cinquante ans, contre les violons de cabaret, pour les forcer à payer un droit d'exercice, intentaient le même procès aux musiciens et compositeurs de musique qui se refusaient à subir la juridiction de cette maîtrise, attendu que les statuts des maîtres de violon, confirmés par le roi en 1692, divisaient la communauté en deux classes, celle des maîtres à danser et celle des joueurs d'instruments *tant hauts que bas*, et que « les compositeurs de musique ou les musi-

Fig. 201. — Jean-Baptiste Lully, surintendant de la musique du roi ; d'après le portrait de Mignard, gravé par Roullet. XVIIe siècle.

ciens qui se servent de clavecins, luths et autres instruments d'harmonie, pour l'exprimer, n'ont jamais esté et ne peuvent être de la communauté des anciens joueurs et ménétriers de Paris ».

Ce curieux procès dura fort longtemps et finit par soustraire les compositeurs aux vexations des jurés de la confrérie et maîtrise du violon.

A cette époque, l'Opéra était fondé en France depuis près de trente ans, par lettres patentes du 28 juin 1669, qui donnaient à l'abbé Perrin le privilège « d'établir, en la ville de Paris et autres du royaume, des académies de musique, pour chanter en public (fig. 202), pendant douze années, des pièces de théâtre, comme il se pratique en Italie ».

Les premiers essais de l'Opéra français furent, comme on l'a vu, antérieurs de dix années à ces lettres patentes, car la comédie en musique de Cambert, représentée à Issy en 1659, était un véritable opéra; mais cette comédie ou pastorale n'avait pas été accompagnée de tout l'appareil de décors, de mise en scène et de machines, qui semblaient indispensables à ce genre de spectacle. Il fallait donc voir un progrès dans la mémorable représentation de *la Toison d'or*, tragédie de Pierre Corneille, jouée par la troupe du Marais, au château de Neubourg en Normandie, en janvier 1661, chez le marquis de Sourdéac, qui fit les frais énormes de cette représentation extraordinaire, et qui avait inventé les merveilleuses machines théâtrales qu'on y admira pour la première fois. La musique n'était pas l'accessoire le moins important de la tragédie de Corneille, mais elle n'intervenait que dans les scènes où figuraient des personnages allégoriques. Cette tragédie avait été ensuite transportée à Paris sur le théâtre du Marais, avec la musique, les chants et les machines qui en avaient fait le succès.

Le marquis de Sourdéac, qui avait à la fois la passion de l'art mécanique et celle de l'art musical, continua depuis à donner, dans son hôtel de la rue Garancière à Paris, des représentations gratuites de plusieurs opéras composés par Perrin et mis en musique par Cambert et la Grille. Il se trouvait ainsi naturellement l'associé et le bailleur de fonds de l'abbé Perrin, pour l'exploitation du privilège de l'Académie de musique. Cependant, ce

Fig. 202. — Mlle Journet, dans le rôle de Mélisse, d'*Amadis de Grèce*. Académie royale de musique (1699).

théâtre ne s'ouvrit que le 19 mars 1671, dans l'ancien jeu de paume de la rue Mazarine, vis-à-vis de la rue Guénégaud; on représenta *Pomone*, dont Perrin avait fait les paroles, Cambert la musique et M. de Sourdéac les machines : les représentations de cet opéra durèrent plusieurs mois, avec un très grand succès. Cambert conduisait lui-même un orchestre de 13 musiciens et un personnel chantant de 5 hommes, de 4 femmes et de 15 choristes.

Un nouvel opéra en cinq actes, *les Peines et les Plaisirs de l'amour,* tragédie héroïque de Gabriel Gilbert, mise en musique par Cambert, fut représenté en décembre 1671, et n'eut pas le même succès que *Pomone,* quoique Saint-Évremond dise « que les vers ont quelque chose de plus poli et de plus galant » que ceux de l'abbé Perrin : « Les voix et les instruments, ajoute-t-il, s'étoient déjà mieux formés par l'exécution; le prologue étoit beau, et le tombeau de Climène fut admiré. » Mais les recettes diminuaient, et il fallait songer à monter un autre ouvrage pour ramener la foule. Le partage des bénéfices fit naître des discussions entre les associés pendant les répétitions d'un nouvel opéra, intitulé *Ariane,* et le théâtre ayant été fermé, par suite de ces discussions, Lully, qui avait feint de s'entendre avec Molière en projetant la création d'une nouvelle académie de musique et de danse, traita, pour son propre compte, du privilège de l'Opéra, que l'abbé Perrin lui céda directement, en laissant au marquis de Sourdéac et à Cambert la salle, les machines, la troupe et l'orchestre (30 mars 1672).

Lully s'était assuré d'avance d'un autre orchestre bien supérieur à celui de Cambert et d'une troupe chantante à laquelle il avait attaché Cholet, du théâtre de la rue Mazarine, et Beaumavielle, basse-taille superbe, qu'il avait fait venir du Languedoc. Lully avait préparé secrètement une salle, dans un jeu de paume voisin du Luxembourg, et le premier opéra qu'on y représenta, le 15 novembre 1672, fut celui des *Fêtes de l'Amour et de Bacchus.* Lully avait arrangé sa musique sur un canevas de Quinault, qui s'était chargé de rassembler ce qu'il y avait de plus agréable dans les divertissements de Chambord, de Versailles et de Saint-Germain, en liant ces fragments choisis par plusieurs scènes nouvelles, avec des entrées de ballet de Desbrosses, des machines de Vigarani, etc.

Fig. 203. — Frontispice d'*Armide* de Lully, gravé par J. Dolivar, d'après le dessin de Berain. (Christ. Ballard, 1686.)

Le succès fut immense, et l'on accourut de toutes parts, malgré l'éloignement du quartier, pour entendre la musique de Lully, qui n'avait eu que peu d'échos en dehors de la cour. L'orchestre, que Lully conduisit lui-même dans les premières représentations, ne comptait pas moins de 20 musiciens, à la tête desquels il avait mis le fameux Batiste, qui jouait la double corde et qu'on regardait comme un prodige d'exécution. De même que Cambert, il avait ajouté aux instruments à cordes les flûtes et les hautbois, et, de plus que lui, un basson et des timbales. Au surplus, Lully attachait si peu d'importance aux accompagnements d'orchestre, qu'il ne prenait pas la peine de les écrire et qu'il laissait à un de ses élèves, Colasse ou Lalouette, le soin de remplir la symphonie des instruments pour accompagner sans interruption les chanteurs et leur donner l'intonation. En devenant directeur unique de l'Académie royale de musique et de danse, il s'était brouillé momentanément avec Molière, qui lui gardait rancune de sa tromperie; mais il avait fait un pacte secret de collaboration avec Philippe Quinault, qu'il jugeait plus capable que personne de composer des poèmes d'opéra.

Quinault, né à Paris, en 1635, avait donné au théâtre de l'hôtel de Bourgogne des comédies et des tragédies qu'on y applaudissait encore; il écrivait en vers avec autant de grâce que de facilité, et Lully avait pu se rendre compte du parti qu'il tirerait de son association avec ce poète distingué, après lui avoir confié la composition des vers qui devaient être mis en musique dans la tragi-comédie de *Psyché*, représentée à la cour, au mois de janvier 1671. L'entente la plus complète s'était vite établie entre le poète et le musicien, en dépit de la cabale qui s'efforçait de dénigrer les opéras de Quinault. « Il fallait ces deux hommes, » a écrit Voltaire, « pour faire de quelques scènes d'*Atys*, d'*Armide* (fig. 203) et de *Roland* un spectacle tel que ni l'antiquité ni aucun peuple contemporain n'en connut. »

Lully était désormais sans rival : Cambert, blessé de l'injustice qu'on lui avait faite, en lui ôtant la faculté de mettre au théâtre ses pièces en musique, avait quitté la France pour passer

Fig. 204. — Frontispice d'*Alceste, ou le Triomphe d'Alcide,* de Lully (avec la vue du palais des Tuileries); d'après le dessin de Fr. Chauveau (1674).

en Angleterre, où il devint maître de la musique de Charles II. Lully déploya, dans la musique pittoresque et dramatique aussi bien que dans le genre comique et bouffon, un admirable talent; il trouvait les accents les plus nobles et les plus pathétiques, comme les airs les plus gracieux et les plus légers, les mélodies les plus suaves, comme les boutades les plus burlesques et les plus originales; son récitatif n'était que l'interprétation puissante de la poésie de Quinault.

Aussitôt après la mort de Molière (13 février 1673), il demanda au roi la salle du Palais-Royal, pour y établir l'Académie royale de musique et de danse; le roi, qui n'avait rien à lui refuser, la lui accorda, et la troupe de Molière, privée tout à coup du théâtre qu'elle avait occupé pendant douze ans, fut trop heureuse de trouver vacant le théâtre de la rue Mazarine, que l'abbé Perrin avait abandonné lors de la cession de son privilège à Lully. L'opéra de *Cadmus et Hermione,* représenté au jeu de paume de Bel-Air, le 11 février 1673, était joué au théâtre du Palais-Royal, où l'Académie royale de musique resta établie jusqu'à l'incendie du 6 avril 1763.

Le quatrième opéra de Quinault et de Lully fut *Alceste, ou le Triomphe d'Alcide* (fig. 204), représenté le 2 janvier 1674. A dater de cet ouvrage, le mode de composition des opéras suivants était ainsi réglé : Quinault esquissait plusieurs plans et les présentait au roi, qui en choisissait un; puis Lully indiquait à sa fantaisie les divertissements et les airs; en dernier lieu, les scènes écrites par Quinault étaient examinées par la *petite Académie,* qui devint, après la mort de Colbert, l'Académie des inscriptions et belles-lettres.

Lully avait composé la musique de 25 ballets; il composa celle de 18 opéras, qui étaient tous de Quinault, à l'exception de trois : *Psyché* et *Bellérophon*, par Thomas Corneille; *Acis et Galatée,* par Campistron. Lully fut nommé secrétaire du roi, en 1681; il était déjà surintendant de la musique. Pendant sa dernière maladie, son confesseur lui imposa la condition de détruire la musique de l'opéra d'*Achille et Polixène*, dont il n'avait écrit que le premier acte : « Eh quoi ! Baptiste, lui dit le duc de Vendôme, tu as jeté au feu ton opéra? Quel sacrilège d'anéantir un pareil chef-d'œuvre ! — Monseigneur, n'en dites rien, reprit le moribond,

Fig. 205. — *Les Noces de Thétis et de Pélée*, scène de l'opéra de Colasse (avec la vue du Pont-Neuf), dessinée et gravée par Séb. Leclerc (1689).

j'en ai gardé une copie. » Il mourut, le 22 mars 1687, à l'âge de cinquante-quatre ans. Il avait épousé la fille de Michel Lambert.

Après lui, la direction de l'Académie royale de musique fut donnée à son gendre, Francine, maître d'hôtel du roi; ses deux fils Louis et Jean, qui étaient ses élèves, l'imitèrent, mais restèrent bien loin de lui.

« Les disciples et les imitateurs de Lully, » dit M. Chouquet, « ne songèrent pas à modifier les allures du drame lyrique : tels étaient le caractère, le ton, le goût et l'ordonnance d'un opéra en 1680, tels nous les retrouverons à la venue de Rameau. Pour obtenir l'approbation et la faveur du roi, ce genre de spectacle était condamné à n'user que du style pompeux et solennel, au risque de tomber dans une fâcheuse monotonie; aussi Pascal Colasse (1649-1709) (fig. 205), Destouches et leurs émules ne pouvaient-ils imaginer rien de mieux, dans l'intérêt de leur réputation, que de reproduire exactement la forme des morceaux et les tours mélodiques qu'affectionnait Louis XIV. » Charpentier (1634-1702), disciple de Carissimi et qui avait fait la musique des intermèdes du *Malade imaginaire*, échoua dans sa *Médée*, précisément parce qu'il y introduisit des nouveautés.

André Campra (1660-1744) (fig. 206), d'Aix en Provence, le seul compositeur dont les ouvrages se soutinrent à côté de ceux de Lully, joignait à une fécondité merveilleuse beaucoup de variété; on le jugea quelquefois supérieur à Lully dans les airs détachés et même dans les monologues. Son ballet de *l'Europe galante* (1697) servit de type à tous les ballets qui furent depuis dansés et chantés à l'Académie royale de musique. Sans être profond musicien ni écrivain vraiment original, Campra s'efforça de rajeunir l'opéra français et sut le rendre plus animé par des chœurs d'une belle disposition, des mélodies faciles et des effets scéniques.

Marin Marais (1656-1728), de Paris, s'était produit comme instrumentiste, avant de faire ses preuves comme compositeur. Dans son opéra d'*Alcyone* (1706), on admira surtout de très beaux airs et une musique d'accompagnement, dans laquelle il avait imité tous les bruits de la tempête. André Destouches (1672-1749), surintendant de la musique du roi, ne composa réellement qu'une seule bonne partition, celle de la pastorale d'*Issé* (1697), qui fut représentée à Trianon : le roi en fut tellement satisfait, qu'il dit tout haut « que c'était le premier opéra qui l'eût empêché de regretter ceux de Lully », et il fit donner à l'auteur une gratification de deux cents louis. Pourtant l'instruction musicale de

Fig. 206. — André Campra, A. Danchet (auteur de la plupart des ouvrages de Campra) et Bon Boullogne; d'après le tableau peint par ce dernier. XVII^e siècle.

Destouches était alors si peu avancée qu'il se vit obligé d'avoir recours à l'un de ses confrères pour écrire la partition.

Néanmoins, jusqu'à la fin du siècle, le souvenir de Lully remplissait sans cesse le théâtre que ce grand maître avait créé; on y représentait toujours ses pièces avec les mêmes applaudissements; ses traditions instrumentales se conservaient dans l'orchestre formé par lui; ses leçons de chant et de déclamation avaient gardé leur empire parmi les admirables interprètes de sa musique : Beaumavielle, Dumesnil, Dun, Hardouin; Mlles Rochois, Maupin, Louison Moreau, Desmarets, etc.

Mais la cour s'éloignait insensiblement de l'Académie royale de musique, où l'aristocratie mondaine et la bourgeoisie riche avaient pris sa place. Louis XIV, qui ne goûtait pas dans la musique les mélodies vives et les motifs brillants, se contentait, à défaut d'opéras, des messes et des motets qu'il entendait dans sa chapelle, des sonates et des cantates qu'il faisait exécuter à Versailles et à Marly.

# CHAPITRE IV.

L'école de Lully et les premières tentatives de musique italienne. — La musique religieuse et les maîtrises. — La musique instrumentale et les virtuoses célèbres. — Les chanteurs et les concerts. — Les théoriciens : Rameau, ses luttes, son succès. — Querelle des *lullistes* et des *ramistes*. — La *Serva padrona* de Pergolèse et l'enthousiasme pour la musique italienne. — L'opéra-comique; Gillier et Mouret. — Développement du genre : Dauvergne, Duni, Philidor, Laruette; Monsigny et Grétry. — Gluck. — Piccini. — Querelle des *gluckistes* et des *piccinistes*. — Mozart.

Depuis la mort de Lully (1687), qui, tout Italien qu'il était, fut un musicien vraiment français, simple et naturel, expressif et ingénieux, la musique et le goût musical n'avaient pas changé en France, du moins d'une manière notable et générale. On dédaignait, on éloignait la musique italienne. Louis XIV, qui se targuait de connaissances en musique, protégeait, à l'exclusion de tout autre, le genre qui l'avait charmé pendant ses belles années, et ne voulait que du Quinault et du Lully dans les rares représentations qui avaient lieu à Versailles ou à Paris. La foule des courtisans partageait les préférences ou les préjugés du maître, et n'acceptait guère les musiciens d'au delà des Alpes qu'à titre de virtuoses.

Au commencement du dix-huitième siècle, une sorte de réaction se produisit. L'abbé Raguenet, précepteur des neveux du cardinal de Bouillon, entreprit l'éloge de la musique italienne dans un petit livre intitulé : *Parallèle des Italiens et des Français, en ce qui regarde la musique et les opéras* (1702), et devança ainsi le mouvement qui devait entraîner les esprits lorsque, cinquante ans plus tard, un genre nouveau s'empara du théâtre avec *la Serva padrona,* de Pergolèse.

Les réponses ne manquèrent pas du côté des défenseurs de la musique française (fig. 207). Le Cerf de la Viefville de Fresneuse se fit l'avocat chaleureux du genre national dans sa *Comparaison de la musique italienne et de la musique française* (1704), et, onze ans plus tard (1715), Bourdelot, médecin de la dauphine Marie-Adélaïde de Savoie, dans son *Histoire de la musique et de ses effets,* comparait la musique italienne « à une coquette aimable, quoique bien fardée, remplie de vivacité, toujours le pied en l'air, cherchant à briller partout sans raison et sans savoir pourquoi, comme une évaporée qui fait voir ses emportements dans quelque sujet qu'elle puisse traiter » ; comparaison qui imposait naturellement par contraste celle de la musique française avec « une belle femme, dont la beauté simple, naturelle et sans art, attire les cœurs de tous ceux qui la regardent, et qui n'a qu'à se montrer pour plaire ».

Malgré ces résistances, nos compositeurs, encouragés par une partie de la haute société, commencèrent, pendant la régence, à travailler dans le goût italien. Quant à la musique allemande, bien qu'elle produisît déjà de grands maîtres (Sébastien Bach, mort en 1750, et Hændel, mort en 1759), elle était à peu près inconnue en France.

Si la musique française dominait encore au théâtre, elle régnait sans partage à l'église, où le relâchement des règles des anciennes maîtrises avait introduit, vers la fin du siècle précédent, les compositeurs profanes et même les chanteurs et les instrumentistes laïques. Campra, le premier, avait eu le crédit de faire admettre les chanteurs de théâtre à Notre-Dame de Paris. Les motets composés pour la chapelle du roi par les quatre maîtres de musique que Louis XIV avait choisis lui-même, Colasse, Lalande, Minoret et Goupillet, y étaient exécutés avec accompagnement de basses de viole (fig. 208) et de violons, et cette musique nouvelle rem-

Fig. 207. — La Musique, allégorie, gravée d'après Lajoue, par N. Cochin. XVIII^e siècle.

plaçait presque partout, dans les offices religieux, le plain-chant et le faux-bourdon.

Parmi ces maîtres de chapelle, on ne saurait oublier Michel Lalande (mort en 1726), qui avait créé un nouveau genre de musique d'église, en bannissant la monotonie et la pesanteur des chœurs et des leçons, en composant ses fugues dans un mouvement brusque et en les entremêlant de symphonies et de chants agréables; Nicolas Bernier, maître de musique de la Sainte-Chapelle (mort en 1734), qui fut regardé comme le plus grand compositeur de musique sacrée que la France eût produit; Henri Desmarets, qui avait fait des motets admirables, qu'il vendait pour quelques écus à toutes les maîtrises des paroisses de Paris, avant d'avoir écrit avec Campra sa partition d'*Iphigénie en Tauride* (1704); tant il est vrai qu'alors la musique religieuse et la musique de théâtre, différant peu l'une de l'autre par les procédés, réclamaient moins qu'aujourd'hui des aptitudes distinctes et spéciales.

La musique de chambre empruntait, de son côté, au théâtre plus d'un compositeur. Joseph Mouret, intendant de la musique de la duchesse du Maine, auteur de plusieurs opéras et ballets, composa une foule d'airs de chant, des sonates et des fanfares; Boismortier, musicien fécond et adroit, fit aussi beaucoup d'airs et de duos, qu'on exécutait sur les flûtes, les violons, les hautbois et les musettes. François Francœur composait des sonates; Mondonville écrivit aussi des sonates de clavecin et des symphonies, qui commencèrent sa réputation.

La plupart des professeurs de musique, et il y en eut un grand nombre de célèbres dans le cours du siècle, eurent à cœur de prouver qu'ils joignaient la pratique à la théorie et qu'ils pouvaient faire preuve de talent pour la composition. Parmi les professeurs de clavecin, les trois frères Couperin, Louis, François et Charles, méritent d'être nommés les premiers, car leur talent d'exécution n'a jamais peut-être été égalé. D'autres se firent connaître par des qualités particulières : du Moustier, attaché à la maison du prince de Clermont, improvisait pendant des journées entières; Schobert, attaché au prince de Conti, se distinguait par des prodiges de doigté, comme Simon, maître de clavecin des enfants de France sous Louis XVI; Eckard, dont le jeu était si brillant, introduisit

Fig. 208. — Homme de qualité jouant de la basse de viole, par J. de Saint-Jean, XVIIIe siècle.

l'usage de faire travailler les basses en batterie. On se souvient encore du nom de Rodolphe, l'auteur des célèbres solfèges.

Ces exécutants habiles, que la France produisait presque en aussi grand nombre que l'Italie et l'Allemagne, trouvaient un emploi honorable et lucratif de leurs talents, en dehors des orchestres de théâtre; car ces orchestres n'étaient pas, à beaucoup près, aussi complets qu'ils le sont à présent. D'ailleurs, il n'y avait à Paris que deux grands théâtres avec orchestre, l'Académie royale de musique et la Comédie-Française, avant la création du nouveau Théâtre-Italien (1716), et les petits théâtres de musique des foires Saint-Germain et Saint-Laurent se contentèrent longtemps de quelques râcleurs d'instruments.

Mais les grands seigneurs, les grands financiers, avaient chacun leur corps de musique, sous la direction d'un maître ou chef, qui devait être toujours prêt à composer ou à faire exécuter quelque morceau ou divertissement. Il ne faudrait pas croire que ces musiciens, attachés au service de la maison, fussent rarement occupés et, par conséquent, mal payés : on les employait sans cesse, à tous propos, suivant le caprice de leur patron; ils donnaient des concerts ou des intermèdes de musique, l'hiver dans les salons et les galeries, l'été dans les jardins; ils faisaient de la musique, pendant les repas, aux dîners et aux soupers; ils étaient chargés, en outre, de l'ordinaire et de l'extraordinaire musical de la chapelle. Le luxe d'un fermier général ne se déployait jamais mieux que dans les coûteuses dépenses de sa musique. Le fameux la Popelinière maintenait la sienne à la hauteur de celle des princes du sang : il avait pour chef le Belge Gossec, qui recevait les conseils de Rameau, et qui n'abandonna pas sans regret sa position avantageuse pour entrer au service du prince de Conti.

Quant à la chapelle du roi (fig. 209), elle était toujours le point culminant qu'un bon musicien exécutant et dirigeant se proposait d'atteindre pour sa fortune et pour sa réputation. La liste des surintendants de la musique du roi (fig. 210), depuis Lully jusqu'à

Francœur, prouve que le talent réuni de la composition et de l'exécution était la condition indispensable de ce poste élevé et difficile à remplir, quelle que fût la faveur dont jouissait l'artiste auquel était confiée cette partie importante des menus plaisirs du roi.

Fig. 209. — Coupe de la nouvelle tribune de la chapelle du roi, au château de Fontainebleau. D'après un ms. enluminé de la Bibl. de Versailles (1773).

Les bons instrumentistes furent si nombreux au dix-huitième siècle, qu'on ne peut que rappeler les noms principaux.

L'école de violon était considérée comme la première, et les artistes français, qui, d'après les leçons du célèbre Leclair (1697-1764), tenaient à perfectionner leur jeu toujours franc, correct et habile, s'efforçaient d'y ajouter quelque chose de la vivacité et de la chaleur du jeu des Italiens. Les meilleurs violons firent partie de la chapelle du roi et de l'orchestre de l'Opéra. Jean-Pierre Guignon (mort en 1774), qui fit revivre en sa faveur le vieux titre de *roi des violons et des ménétriers,* eut certainement le plus beau coup d'archet des violonistes d'alors. En même temps que lui, on trouve Gabriel Guillemain, fameux violon de la chambre et de la chapelle du roi, mort en 1770; Haranc, autre premier violon de la chapelle, qui avait commencé ses études à l'âge de trois ans, et qui était peut-être le seul capable d'exécuter à première vue les sonates les plus difficiles de Tartini; Lemière, excellent violon de la musique du roi, qui était élève de Gaviniès et fut le maître de Bertheaume. Baptiste Anet, qui avait reçu pendant quatre ans les leçons du fameux Corelli, passa aussi pour un des plus habiles violonistes de son temps.

La basse de viole, qui pouvait encore, au commencement du siècle, invoquer les noms célèbres de Forqueray et de Marin Marais (mort en 1728), fut bientôt délaissée pour le violoncelle, qui prit définitivement sa place à l'orchestre de l'Opéra, en 1730, et dont la puissance expressive correspondait mieux au caractère de la musique nouvelle. Un curieux opuscule de Hubert Leblanc, docteur en droit : *Défense de la basse de viole contre les entreprises du violon et les prétentions du violoncel* (1740), a retracé, dans un style tragi-comique, les regrets superflus des fidèles amateurs de l'instrument détrôné. Parmi les violoncellistes qui se firent applaudir à cette époque, on doit citer Berteau, le fondateur de l'école du violoncelle en France, et ses élèves, Cupis, Duport l'aîné, et surtout les deux Janson, que le fameux Louis Duport lui-même ne fit pas complètement oublier.

Les instruments à vent, dont les nombreuses familles tendaient, comme celles des instruments à cordes, à se fondre dans certains

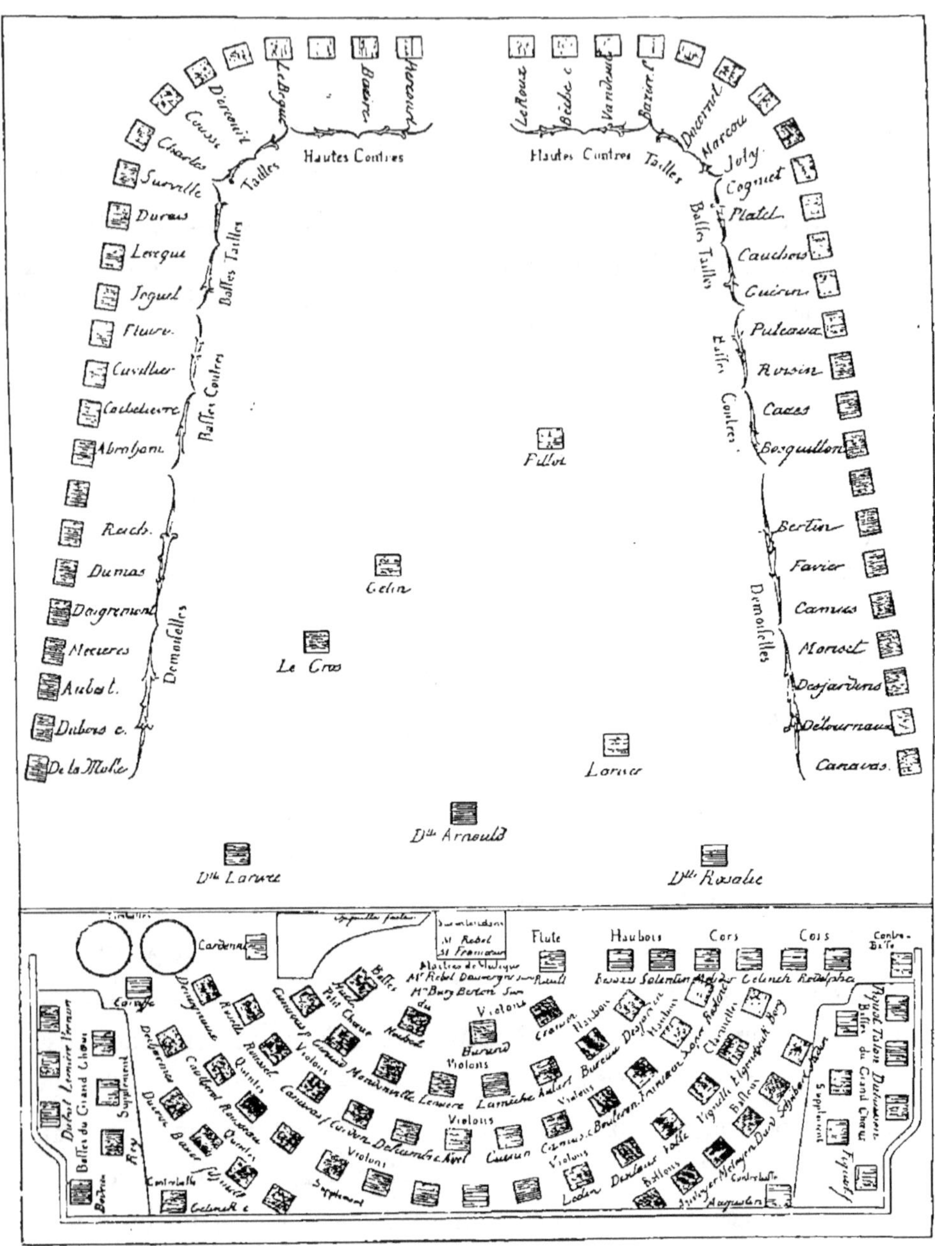


Fig. 210. — Plan de la musique du roi au grand théâtre de Versailles, avec la disposition de l'orchestre et des chanteurs en 1773. — D'après un manuscrit enluminé de la Bibliothèque de Versailles.

types définitifs, participaient aux mêmes progrès dans l'exécution. Le hautbois, brillamment représenté dans la musique du roi par Besozzi (1765), bannissait définitivement de l'orchestre la musette, malgré le talent de Chefdeville et de Todini. Blavet, surintendant de la musique du comte de Clermont, était le plus habile virtuose sur la flûte qu'on eût entendu jusque-là. La musique du roi avait toujours eu d'excellents bassons : Belleville en 1750, Dubois et Cugnier sous Louis XVI; enfin, Rodolphe savait tirer du cor, assoupli par son exquise exécution, des sons doux et expressifs qu'on ne lui connaissait pas encore.

De tous les musiciens, ceux qu'on admirait le plus et qu'on mettait au-dessus des autres, c'étaient les organistes, quand ils étaient arrivés à ce degré de perfection qui exerçait une sorte d'empire fascinateur sur un immense auditoire attentif et recueilli. Louis Marchand, qui avait été l'organiste de la chapelle du roi pendant les vingt dernières années du règne de Louis XIV, ne parut presque pas à l'orgue depuis la mort du roi, mais il avait dès lors un successeur digne de lui. Louis-Claude Daquin, qui jouait du clavecin à l'âge de six ans et qui n'eut pas d'autre maître que son génie naturel, était déjà si connu avant d'avoir atteint sa vingtième année, que la foule et le beau monde accouraient quand il devait tenir l'orgue dans une paroisse de Paris. Marchand vint l'entendre lors du *Te Deum* que ce jeune organiste exécuta dans l'église de Saint-Paul, et il fut émerveillé du jeu magique de son rival : « Vous avez fait des miracles, lui dit-il, mais il y a encore un Marchand au monde. Venez donc, dimanche prochain, aux Cordeliers. » Ce fut la dernière fois que Marchand toucha de l'orgue; il se surpassa lui-même, et, tout ému de son dernier effort, il s'écria en baisant les touches de son orgue : « Adieu, ma chère fille! Daquin est seul digne de toi. »

Daquin, nommé organiste de la chapelle du roi en 1739, avait obtenu des succès inouïs; le plus flatteur fut l'approbation de Rameau, qui disait de lui : « La musique se perd; on change de goût à tout moment. Il n'y a que Daquin qui ait eu le courage de résister au torrent; il a toujours conservé à l'orgue la majesté et les grâces qui lui conviennent. » La renommée de Daquin n'avait pourtant pas effacé celle des Couperin, qui étaient, de père en fils, depuis plus d'un siècle, organistes de Saint-Gervais; le plus célèbre, François Couperin, surnommé *le Grand* (mort en 1733), avait partagé, il est vrai, entre l'orgue et le clavecin, son double talent d'exécutant et de compositeur.

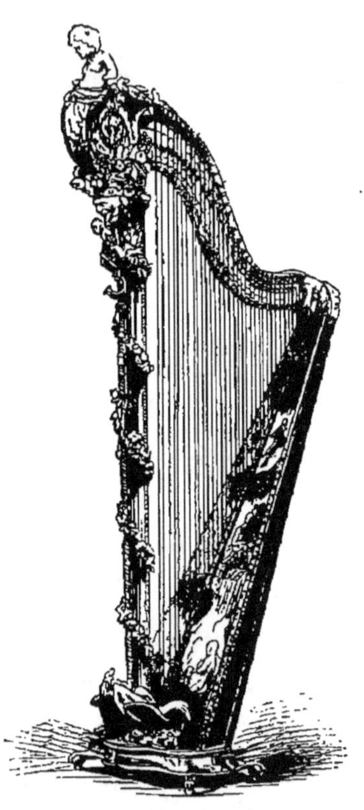

Fig. 211. — Harpe à crochets, fabriquée par Naderman père, en 1780, pour la reine Marie-Antoinette. (Conservée au Kensington Museum de Londres.)

La perfection du jeu des artistes avait amené dans la fabrication des orgues les plus ingénieux perfectionnements, mais les facteurs, de même que les autres fabricants d'instruments de musique, étaient rarement français; les plus habiles venaient des Pays-Bas et d'Allemagne. Cependant, un des meilleurs facteurs d'orgues, François-Henri Clicquot, s'était fait une grande réputation, en ajoutant à ses instruments des jeux d'anche, qui rendaient tous les sons des instruments à vent et à anche, et qui imitaient même la voix humaine. Les facteurs de clavecins étaient aussi, en général, des Belges ou des Hollandais, des Allemands ou des Alsaciens. La ville d'Anvers avait fourni à la France, et surtout à Paris, une multitude d'excellents clavecins, sortant de la fabrique des Ruckers; mais, comme ces clavecins étaient trop petits pour l'exécution des grandes sonates, un excellent facteur français, nommé Blanchet, trouva le moyen de les agrandir en largeur comme en longueur, en leur donnant 61 touches au lieu de 50 et 183 cordes au lieu de 100. Ces clavecins, où les cordes de métal étaient animées par le choc des languettes de plume que les touches faisaient mouvoir, furent remplacés assez promptement, sous le règne de Louis XVI, par des clavecins à marteau, dits *forte-piano,* que Silbermann, de Strasbourg, fabriquait avec un art incomparable. Mais déjà le forte-piano avait à lutter contre une rivalité redoutable, depuis l'invention des harpes à pédales, que l'inventeur, un Italien nommé Petrini, fit connaître à Paris, et dont les femmes du monde raffolèrent bientôt (fig. 211). Pendant quinze ou vingt ans, on ne vit ou n'entendit que des harpes dans les salons. La guitare avait passé de mode.

Quant aux instruments de musique qu'on jouait avec l'archet, les luthiers de Paris les faisaient venir la plupart de l'étranger (fig. 212), à moitié faits, et se contentaient de les façonner à la française. Parmi ces luthiers, dont le corps de jurande se composait seulement de 50 maîtres, on citait pourtant avec éloges Boquet, Pierret et Castagnery, dont les violons pouvaient parfois soutenir la comparaison avec ceux de Crémone. Mais, alors comme depuis, l'ambition d'un musicien distingué était de montrer son savoir-faire sur un instrument travaillé de la main de Stradivarius, ou de Steiner, ou d'un des frères Amati.

Les amateurs qui avaient voyagé en Italie, dès le commence-

Fig. 212. — Adresse illustrée d'un luthier parisien, au XVIIIe siècle.

ment du siècle, soutenaient que les Italiens seuls savaient chanter et que les chanteurs en France n'étaient bons que pour crier; on n'en voulait rien croire, et les chanteurs les plus applaudis à l'Opéra furent longtemps ceux qui criaient le plus fort. Bourdelot raconte, dans son *Histoire de la musique* (1715), qu'un écuyer de la duchesse de Bourgogne ayant invité à dîner deux musiciens « des plus belles voix de la musique du roi », ces musiciens, debout devant la cheminée, n'eurent pas plus tôt entonné un grand air, que la puissance de leurs voix fit trembler et résonner toute la faïence du buffet, et que la grande glace, qui était sur la cheminée, fut cassée en six morceaux par la force de l'unisson. Ce n'était qu'au théâtre ou à l'église, par bonheur, que de pareilles voix se faisaient entendre.

Les chanteurs de théâtre en renom, qui étaient invités de temps à autre à venir chanter dans les salons, se gardaient bien d'y briser les glaces, et choisissaient de préférence quelque chant doux et tendre, quelque ariette gracieuse ou expressive. Ces chanteurs-là, infatués de leurs succès, avaient quelquefois une vanité supérieure à leur talent. Le fameux Jélyotte, de l'Opéra, engagé à souper par le maréchal duc de Brissac, se mit à table, mangea comme quatre et but comme dix. Le maréchal le pria de chanter, au dessert; l'artiste s'excusa, en prétexant un enrouement. « Quand j'invite un homme de votre espèce, » lui dit le maréchal, « ce n'est pas pour en faire ma société, mais pour jouir de son talent et en faire jouir mes convives. Vous allez donc chanter, ou.... » Jélyotte n'attendit pas la fin de la phrase et chanta une ariette. « C'est bon, mon ami! » dit le maréchal, qui ne lui permit pas de chanter davantage, et, se tournant vers un maître d'hôtel : « Donnez deux louis à cet homme, ajouta-t-il, et qu'on le renvoie! »

Jélyotte quitta la scène, en 1755, pour échapper à ces avanies,

Fig. 213. — Le Concert ; gravé par Duclos, d'après Saint-Aubin. XVIIIe siècle.

que les préjugés du temps n'épargnaient pas alors aux chanteurs de théâtre, et l'on doit croire qu'il était, de son côté, devenu mieux appris, lorsqu'il fit les délices des soupers de l'aristocratie et de la finance, par ses duos avec la Garde, maître de musique des enfants de France sous Louis XV. La voix basse de la Garde se mariait admirablement avec la haute-contre de Jélyotte, et les charmantes ariettes composées par la Garde et chantées par les deux amis eurent un tel succès, que souvent, quand on leur avait fait accepter une invitation qui se payait fort cher, on les retenait toute la nuit jusqu'à ce qu'ils eussent perdu la voix, à force de chanter.

Les premiers concerts publics (fig. 213) furent les Concerts spirituels des Tuileries; l'on n'y entendait que des morceaux de musique religieuse, vocale et instrumentale. Auparavant, on ne connaissait seulement, en fait de concerts, que ceux qui avaient lieu à la cour, en présence du roi, et quelquefois chez les princes du sang. Ce fut Philidor (Anne Danican), cousin du célèbre joueur d'échecs, qui eut la première idée des concerts spirituels. Comme les représentations de l'Opéra étaient toujours suspendues les jours de fêtes solennisés par l'Église, ainsi que pendant la semaine sainte et la quinzaine de Pâques, Philidor proposa de remplacer ces représentations par des concerts qu'il appelait *spirituels,* parce qu'il devait y faire entendre des morceaux de musique plus ou moins analogues à la sainteté du jour choisi pour chaque concert. Il obtint donc, sous la condition de payer à l'Opéra une somme de 6,000 livres par an, un privilège pour ce genre de concerts, qui furent donnés, presque sans interruption, depuis 1725 jusqu'en 1791, dans une des salles du palais des Tuileries.

Le concert d'inauguration eut lieu le 18 mars 1725, à six heures du soir, en présence d'une nombreuse assemblée. On y exécuta une suite d'airs de violon de Lalande, un caprice du même compositeur, un concerto de Corelli, *la Nuit de Noël*, et un motet à grand orchestre, intitulé *Cantate Domino*, par Lalande, qui

Fig. 214. — Rameau; d'après le portrait de Restout, gravé par Benoist. XVIIIe s.

était alors surintendant de la musique du roi. C'étaient les musiciens, les chanteurs et les chanteuses de l'Opéra, qu'on retrouvait au Concert spirituel, mais en habits de ville, concourant tous à l'admirable exécution des *Stabat*, des *Miserere*, des *De Pro-*

*fundis*. On les applaudissait comme au théâtre. Ces concerts, exclusivement réservés au beau monde, furent toujours en grande faveur, et ils attiraient à Paris, dans la quinzaine de Pâques, une foule d'étrangers de distinction. En 1728, Philidor céda son privilège à l'Académie royale, moyennant une somme considérable.

La musique était un art pour ceux qui s'en faisaient les interprètes et les maîtres; c'était une science très étendue et très délicate, qui devait aussi être cultivée par des savants de profession, tels que des mathématiciens. L'Académie des sciences fournissait ces savants, exclusivement préoccupés de la théorie musicale. Un bon géomètre, Carré, avait consacré ses recherches à la théorie générale du son et aux différents accords de la musique; son collègue Sauveur avait fait de précieuses découvertes sur l'acoustique, dont il voulait tirer un nouveau système des sons et une sorte de langage musical. D'Alembert ne pouvait négliger aucune branche de la science, et il écrivit ses *Éléments de la musique* (1752). Avant et après lui, beaucoup de praticiens essayèrent aussi de publier des traités sur cet art : tels furent Baillière, Cajon, de Bethisy, etc. On vit aussi se produire plus d'une méthode de musique sur de nouveaux plans. Les musiciens les plus expérimentés s'attachaient à quelque partie de l'art et de la science : Bordier s'occupait de la composition; Blainville, Serre, Roussier, Rameau surtout, s'étaient occupés de l'harmonie.

Philippe Rameau (né à Dijon en 1683), qui, à peine âgé de sept ans, avait déjà un talent extraordinaire sur le clavecin, alla étudier la musique à Milan, et ne revint en France que pour y chercher les moyens de vivre de son art (fig. 214). Il rencontra, dans sa carrière, des obstacles presque insurmontables, des jalousies terribles et des ennemis sans cesse renaissants parmi ses rivaux, bien qu'il n'aspirât qu'à être nommé organiste dans une paroisse de Paris. Lassé et dégoûté de tant d'injustice, il se retira en province, et fut du moins accepté comme organiste de la cathédrale, à

Fig. 215. — La sortie de l'Opéra ; d'après Moreau. XVIIIe siècle.

Clermont en Auvergne. C'est là qu'il dirigea ses études vers la composition, et qu'il se fit un système d'harmonie en lisant les ouvrages de Mersenne et de Descartes. De retour à Paris en 1721, il y publia ses premiers morceaux de musique, qui obtinrent un brillant succès, et, bientôt après, son *Traité de l'harmonie réduite à ses principes naturels,* ouvrage considérable dans lequel il avait tenté de donner à l'harmonie une base scientifique, mais qui n'en souleva pas moins des critiques vives et amères. Simple organiste à l'église Sainte-Croix de la Bretonnerie, il donnait des leçons de musique, et faisait graver des compositions instrumentales, qui assuraient à peine son existence journalière. Il publia en 1726 son *Nouveau système de musique théorique,* et en 1732 sa *Dissertation sur les différentes méthodes d'accompagnement pour le clavecin ou l'orgue.* « La musique, » dit La Borde, « doit à Rameau autant que la physique à Newton; il la réduisit à des principes généraux, et offrit un système dont toutes les parties s'éclairaient et se fortifiaient réciproquement. »

Avant d'aborder la scène du grand Opéra, Rameau avait essayé ses forces sur la modeste scène de l'Opéra-Comique, à la foire Saint-Germain. Piron, son compatriote et ami, lui avait donné six ou huit pièces à mettre en musique, et ces pièces, entre autres *la Rose,* avaient eu grand succès, sans faire connaître le compositeur. Elles ne servirent même pas à le recommander aux auteurs patentés des opéras et des ballets, et le vieux La Motte, qui lui avait refusé un poème, n'existait plus depuis deux ans, lorsque Rameau put enfin faire entendre sa musique à l'Opéra. L'abbé Pellegrin, cédant aux instances pressantes de Mme de la Popelinière et aux bonnes raisons que le coffre-fort du fermier général lui faisait valoir, confia le livret d'*Hippolyte et Aricie* à Rameau, qui en écrivit la musique en quelques semaines. Cet opéra fut représenté le 1er octobre 1733, et, malgré la cabale qui faillit interrompre cette représentation, les connaisseurs se rangèrent à l'avis de Campra, que la France possédait un musicien

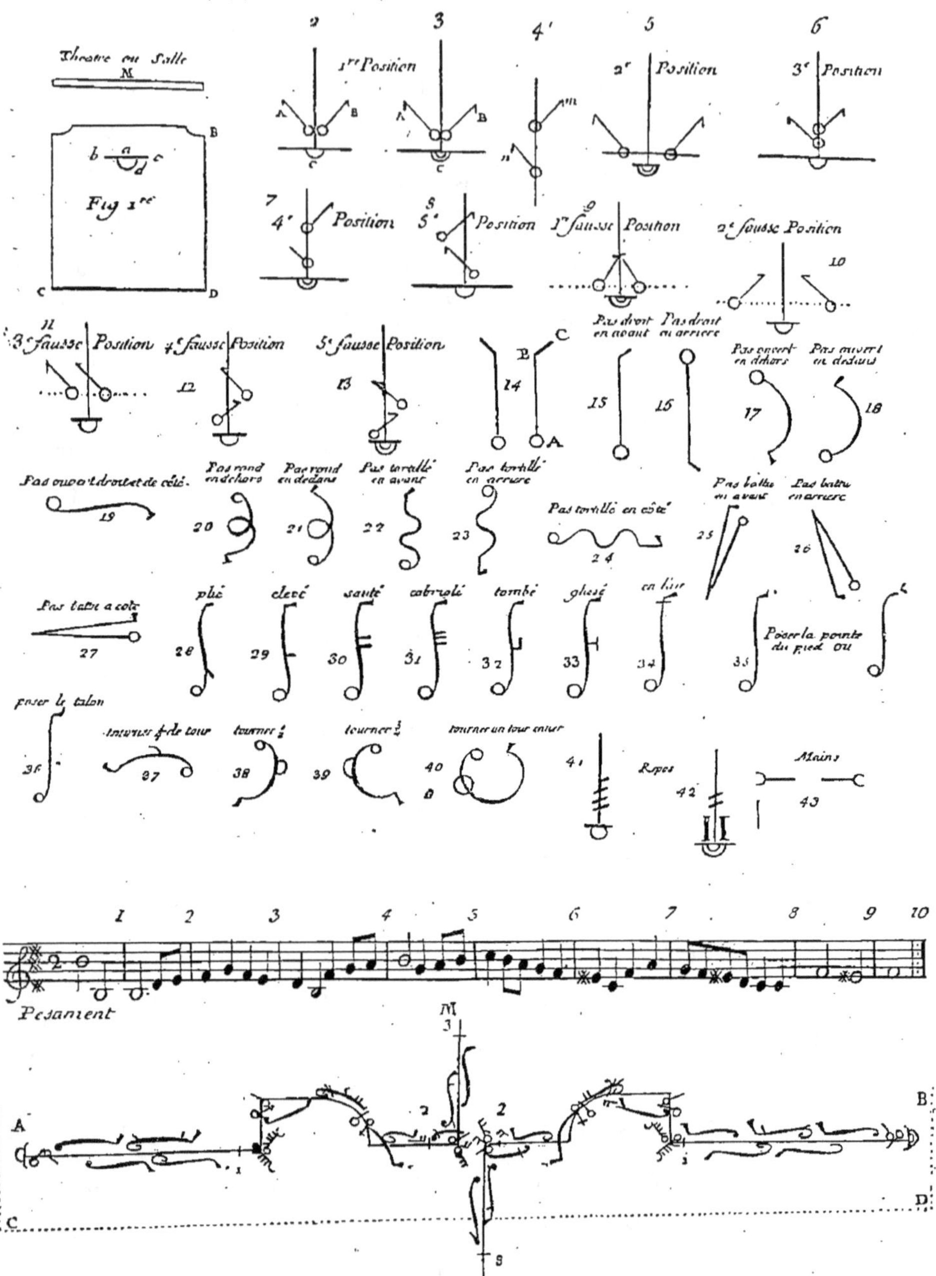


Fig. 216 et 217. — Exemples de notation chorégraphique.

Ces deux exemples sont tirés de *l'Encyclopédie*. — Le premier représente les signes usités pour indiquer les différents pas de danse. Le second indique ces signes au-dessous de la musique du pas de *deux lutteurs*, dansé par M. Dupré et Javilliers dans le ballet des *Fêtes grecques et romaines*, de Colin de Blamont et Fuzelier (1723).

de génie. Ce fut une révolution dans l'art musical, mais les derniers partisans de l'école de Lully protestèrent avec tant d'hostilité contre ce nouveau système de musique, que Rameau fut sur le point de renoncer au théâtre. Tous les journalistes, l'abbé Desfontaines à leur tête, se prononçaient contre l'audacieux novateur; les pamphlets, les chansons satiriques, les épigrammes, les caricatures se succédaient sans paix ni trêve.

Cependant, le succès de Rameau ne fit que s'affirmer, et comme on avait reproché à sa musique de manquer de mélodie, il donna un éclatant démenti à ce reproche, en écrivant la partition de l'opéra-ballet des *Indes galantes* (1735), dont il avait demandé les paroles à son ami Fuzelier, un des auteurs ordinaires du théâtre de la foire Saint-Germain. Deux ans plus tard, son triomphe fut complet et définitif, quand il eut fait représenter *Castor et Pollux* (1737), opéra en 5 actes, dont le poème était de Gentil-Bernard, le poète en vogue dans les salons de l'aristocratie financière. Cette partition fut considérée à bon droit comme un chef-d'œuvre; les *lullistes* se reconnurent vaincus et il n'y eut que des *ramistes* en France, ou du moins à Paris et à Versailles. Toute l'ancienne musique française n'avait plus le droit de se survivre, depuis que Rameau venait de substituer, dit M. Chouquet dans son *Histoire de la musique dramatique en France*, « aux harmonies consonnantes, aux modulations prévues, aux accompagnements insignifiants, aux symphonies uniformes, des coupes nouvelles, des rythmes variés et piquants, des harmonies ingénieuses, une instrumentation riche et puissante ».

Rameau continua de travailler pour la scène jusqu'à sa mort (1764), et pendant trente années il composa plus de vingt-cinq partitions de grands opéras et d'opéras-ballets. Mais, en 1752, quand *la Serva padrona*, de Pergolèse, chantée à l'Académie royale de musique par des chanteurs italiens, mit en présence la musique italienne et la musique française, cette dernière eut à subir les plus violentes attaques, et la réputation acquise par Rameau en fut profondément ébranlée. Il éprouva quelque défaillance, en doutant lui-même de ses théories musicales, et pendant toute la période de l'immense succès des chanteurs italiens qu'on appelait *les bouffons,* il refusa absolument de faire représenter aucun nouvel ouvrage. « Si j'avais trente ans de moins, » disait-il à l'abbé Arnaud avec une noble modestie, « j'irais en Italie; Pergolèse serait mon modèle; j'assujétirais mon harmonie à cette vérité de déclamation qui doit être le seul guide des musiciens; mais, à soixante-dix ans, on sent qu'il faut rester ce que l'on est. »

Les habitués de l'Opéra (fig. 215), qui étaient las, dit J.-J. Rousseau dans sa *Lettre sur la musique française,* des « traînantes et ennuyeuses lamentations, auxquelles il ne manquait, pour assoupir tout le monde, que d'être chantées justes et sans cris, » avaient accueilli avec enthousiasme la musique de Pergolèse. Les lullistes et les ramistes, protégés par Louis XV, se rangeaient sous la loge du roi, et les champions de la musique italienne, sous celle de la reine, qui partageait leur préférence. De là vinrent les noms de *coin du roi* et de *coin de la reine,* pour caractériser chacun des partis contraires.

Les écrivains les plus distingués, qui n'entendaient rien à la musique, il faut bien l'avouer, du moins la plupart, entrèrent un peu à l'aventure dans l'un ou l'autre camp et se jetèrent dans la mêlée, une brochure à la main. J.-J. Rousseau fut le plus violent de tous : il terminait sa *Lettre sur la musique française* en disant « que les Français n'ont pas de musique et n'en peuvent avoir, ou que si jamais ils en ont une, ce sera tant pis pour eux ».

Cette lettre souleva les plus ardentes colères, et les symphonistes de l'Opéra pendirent et brûlèrent l'auteur en effigie. Grimm, Diderot et le baron d'Holbach avaient soutenu la même thèse, mais

Fig. 218. — Un Zéphir, costume de ballet ; d'après Martin. XVIII^e s.

avec moins de véhémence et d'acrimonie. Après avoir entendu les œuvres de Gluck, Rousseau revint sur ses opinions concernant la possibilité d'un bon style français et en fit publiquement l'aveu.

Cet illustre écrivain eut à un éminent degré l'instinct et l'amour de l'art. On sait qu'il chercha dans la musique, à son arrivée à Paris, ses premiers moyens d'existence. Il communiqua, en 1742, à l'Académie des sciences un système ingénieux de notation musicale par chiffres, lequel fut repris plus tard et modifié

Fig. 219. — Un Démon, costume de ballet; d'après Martin. XVIII^e s.

d'une manière heureuse. Après s'être essayé dans deux opéras qui n'eurent aucun succès, il composa son *Devin du village,* qui fut joué d'abord devant le roi, à Fontainebleau, puis, le 1^er mars 1753, à l'Académie royale de musique. Ce fut un des plus francs succès et des plus durables du dix-huitième siècle. « Sans doute », fait remarquer Fétis, « la phrase y est souvent mal faite, et l'harmonie laisse beaucoup à désirer; mais un heureux instinct se manifeste dans les chants naïfs, élégants, de presque tout l'ouvrage. » Les ennemis de Rousseau lui en ont contesté la propriété, il suffit pourtant de jeter les yeux sur un recueil de plus de cent romances et autres morceaux de sa composition, intitulé *Consolations des misères de ma vie,* pour acquérir la preuve que les touchantes mélodies de cette collection sont évidemment de la même main que les airs du *Devin du village.* Un dernier tribut à l'art que chérissait Rousseau fut le *Dictionnaire de musique* (1767), dont les nombreuses éditions contribuèrent à développer le goût du public.

Néanmoins, la musique italienne avait pris pied en France et droit de cité sur le théâtre de l'Opéra. Une sorte de détente se fit sentir dans la sévérité de l'école française. Rameau lui-même, dans ses derniers ouvrages, avait assoupli son style et cherché la mélodie, à l'imitation des compositeurs italiens, qui commençaient à être connus et répandus à Paris. Laborde, Trial, Berton, Dauvergne, et surtout Mondonville, italianisaient leurs compositions nouvelles.

A côté des tragédies lyriques qui faisaient le fonds du répertoire de l'Académie royale de musique, la musique de danse (fig. 216 et 217) avait pris tous les jours plus d'importance dans les pièces allégoriques et mythologiques qui prêtaient davantage à la pompe des costumes (fig. 218 et 219) et des décors. Outre de nombreux divertissements composés pour la cour (fig. 220) et les grands seigneurs, l'*opéra-ballet,* où le chant et la danse se partageaient l'exécution scénique, exerçait le génie musical des compositeurs privilégiés du théâtre et mettait en valeur les gracieux talents des danseurs Dupré et Javilliers, des danseuses Sallé (fig. 221) et Camargo. Ce n'est que dans la seconde partie du siècle que Noverre, s'emparant du ballet d'action ou *ballet-pantomime*, essayé déjà dans les fêtes

Fig. 220. — Ballet de cour du *Prince de Salerne*, exécuté à Fontainebleau (1746).

de Sceaux par Mouret, développa, perfectionna ce genre nouveau, où il eut la bonne fortune d'avoir pour collaborateur, dans le ballet des *Petits Riens* (1778), le jeune Mozart, et qui donna carrière aux ingénieuses créations des fameux chorégraphes Gardel et Vestris.

Si la musique sérieuse et dramatique avait eu quelque peine à soutenir la comparaison avec la musique italienne bouffe, une autre musique française s'était élevée à part, vraiment nationale, comique, spirituelle et vivante. C'était celle qu'on pouvait entendre à la foire Saint-Germain, sur le théâtre de l'Opéra-Comique, où le violoniste Gilliers accompagnait de ses joviales inspirations les couplets malins aiguisés par Regnard, Dancourt et Le Sage. Cette musique, originale dans sa simplicité et pleine encore de la vieille saveur gauloise, égayait souvent les oreilles des spectateurs du Théâtre-Italien et de la Comédie-Française, lorsqu'on y exécutait les aimables divertissements mis en musique par Joseph Mouret, que ses contemporains avaient surnommé *le Musicien des grâces*. Les compositeurs n'avaient jamais manqué à cette scène, qui convenait si bien à l'esprit français; mais en général ils ne daignaient pas se nommer, et la musique improvisée, que le directeur du théâtre leur achetait pour quelques écus, formait un curieux dépôt anonyme, où chacun venait prendre des airs, des rondes et des vaudevilles, qui laissaient de longs échos dans la mémoire du public.

Le succès étonnant de *la Serva padrona* donna l'idée à Jean Monnet, acteur et directeur du théâtre de la Foire, d'établir ce théâtre sur les bases d'un nouveau privilège, qui lui permettait d'ajouter au genre de l'opéra-comique les divertissements en musique et les ballets-pantomimes. Il se proposait de donner le plus d'extension possible à la musique bouffe française, et il confia l'exécution de son projet à des musiciens qui gardèrent l'anonyme, de peur d'être frappés d'interdit par l'Académie royale de musique : un d'eux, Dauvergne, ne craignit pas de livrer son nom à la publicité, quand il eut fait, avec *les Troqueurs* (1753), un petit chef-d'œuvre de musique française. Cette concurrence

Fig. 221. — Mlle Sallé, célèbre danseuse; d'après Lancret. XVIIIe s.

était trop redoutable pour que l'Académie royale n'employât pas son crédit à contrarier le succès grandissant du théâtre de l'Opéra-Comique. Monnet ne pouvait lutter; il céda son privilège à Favart, à Corby et à Moet, qui se virent forcés eux-mêmes, en 1762, de réunir l'Opéra-Comique à la Comédie-Italienne.

Fig. 222. — Carlin Bertinazzi (1713-1783), le dernier et l'un des plus célèbres Arlequins de la Comédie-Italienne à Paris.

Ce n'était pourtant qu'une scène secondaire, mais la musique d'opéra-comique y prit le plus large essor avec le concours des meilleurs compositeurs, qui furent admirablement secondés par des auteurs comiques du plus agréable talent, Anseaume, Favart,

Fig. 223. — Annette et Lubin. Scène finale de l'opéra-comique de ce nom, paroles de Favart et musique de Blaise; d'après une estampe coloriée de Debucourt. XVIII^e s.

(Le personnage d'Annette était joué par M^me Favart et celui de Lubin par Caillot.)

Sedaine, Vadé, Pannard, Taconnet, et par des acteurs goûtés du public, tels que Carlin Bertinazzi (Arlequin), Caillot, La Ruette, Trial, Camerani, Mme Dazincourt, et principalement Mme Favart (fig. 222 et 223). Les principaux de ces compositeurs étaient Dauvergne, Duni, Philidor, Monsigny, Dalayrac, et enfin Grétry, qui fut une des gloires les plus incontestables de la musique française,

Fig. 224. — Grétry à son piano; d'après le tableau d'Isabey.

et qui mérita d'être surnommé, après quarante ans de succès de bon aloi, *le Molière de la musique* (fig. 224).

Philidor (1727-1795), un des auteurs les plus originaux, avait fait un chef-d'œuvre de science instrumentale et de musique expressive, avec le mauvais poème d'*Ernelinde* (1767). Gluck devait louer et critiquer à la fois cette belle partition, en disant : « C'est une montre richement montée, garnie de pierres précieuses, mais dont

Fig. 225. — Le tableau magique, de l'opéra de *Zémire et Azor*, de Grétry.
D'après le dessin de Touzé. XVIIIe siècle.

le mouvement ne vaut rien. » Philidor, de même que Monsigny,

La Ruette, Gossec et d'autres qui créèrent le répertoire du Théâtre-Italien, prouvait que la musique française était égale à la musique italienne, sous le double rapport de l'harmonie et de la mélodie, mais qu'elle lui était bien supérieure au point de vue de l'expression dramatique et spirituelle : *le Maréchal ferrant, le Sorcier, Tom Jones*, dont l'air de chasse plein de vie et de mouvement est resté célèbre, étaient des compositions de premier ordre. Elles ne furent pas même surpassées par le Napolitain Duni (mort en 1775), appelé en France et attaché à la Comédie-Italienne.

C'était un mélodiste simple, naïf et gracieux, comme il le prouva dans *Ninette à la cour, la Fille mal gardée, la Fée Urgèle, les Moissonneurs*. Monsigny (1729-1817), un musicien créateur, se distingua par le don inné de la mélodie, par une exquise sensibilité, par un profond sentiment de la vérité dramatique. Ses nombreuses partitions, *le Cadi dupé* (1760), *le Roi et le Fermier* (1762), *Rose et Colas* (1764), *le Déserteur* (1769), *Félix* (1777), charmèrent la foule, qui ne se lassait pas de les entendre. Gossec, qui avait eu un succès immense avec le petit opéra-comique des *Pêcheurs* (1766), réussit moins à faire de la grande musique dans son *Thésée*.

Grétry (1741-1813) avait bien compris le genre de musique qui convenait au public français : « Il faut être vrai dans la déclamation, à laquelle la France est très sensible, disait-il. Je chercherai donc la vérité dans la déclamation ; je n'en pense pas moins que le musicien qui saurait la métamorphoser en chant sera le plus habile. » Il avait d'abord imité Pergolèse et les maîtres napolitains, mais il s'affranchit bientôt de cette imitation, plus involontaire que systématique, et fut un des artistes créateurs de l'école française : les femmes, comme il le dit lui-même, reconnaissaient sa sensibilité ; les jeunes gens, son enjouement et sa finesse, et les connaisseurs disaient que sa musique était *parlante*. *Le Tableau parlant* (1769), *les Deux avares* (1770), *Zémire et Azor* (1771), *la Caravane*

Fig. 226. — Gluck; d'après Auguste de Saint-Aubin (1781).

(1783), *Richard Cœur de Lion* (1785), sont restés dans la mémoire de tous, et le succès n'a jamais manqué aux reprises qui en ont été faites, même de nos jours (fig. 225). On s'explique ainsi pourquoi la réputation de Grétry, qui ne cessait de s'accroître à chaque nouvelle œuvre, ne fut nullement compromise par le prodigieux succès que la musique allemande obtint à Paris, quand on y représenta les opéras de Gluck (fig. 226). Ces représentations mémorables déterminèrent le triomphe de la musique étrangère sur la scène française.

Gluck avait écrit, en Italie, sur des poèmes italiens, la plus belle musique dramatique qu'on eût peut-être jamais entendue dans ce pays; il n'avait fait peut-être qu'agrandir et perfectionner le système de Lully, en le dépassant de toute la hauteur de son mâle génie, et il était parvenu à varier à l'infini les accents du récit et du chant, en imposant à la déclamation un caractère toujours noble, juste et pathétique. Il avait donné des leçons de chant à Marie-Antoinette, et la dauphine n'eut rien de plus pressé que de faire venir à la cour de France le grand compositeur, qui faisait les délices de la cour d'Autriche. Le bailli du Rollet, attaché à l'ambassade française à Vienne, s'était chargé de préparer un poème, *Iphigénie en Aulide,* que Gluck devait mettre en musique. Les répétitions à l'Opéra durèrent près de six mois, et la patience de Gluck faillit échouer plus d'une fois contre le mauvais vouloir de l'orchestre et des chanteurs. Enfin la représentation eut lieu, le 19 avril 1774; les principaux rôles étaient remplis par le ténor Legros, Larrivée et Sophie Arnould. Les spectateurs furent émus, ravis, enthousiasmés. On admira surtout une expression dramatique portée au plus haut degré, une instrumentation neuve et hardie, une harmonie forte et savante. La même année, on représentait, avec plus de succès encore, l'*Orphée* de Gluck, traduit en français par Moline. Gluck avait prouvé qu'on pouvait faire et chanter d'excellente musique sur des paroles françaises, malgré l'anathème que J.-J. Rousseau avait lancé contre notre langue au point de vue musical. « Puisqu'on peut avoir un si grand plaisir pendant deux heures, » disait Rousseau, en sortant tout ému d'une de ces représentations, « je conçois que la vie peut être bonne à quelque chose. » Le bailli du Rollet avait traduit de l'italien l'opéra d'*Alceste,* que les amateurs étaient impatients d'entendre ; mais Gluck dut faire de grands changements à ce chef-d'œuvre, pour le remettre au théâtre, où il ne parut qu'en 1776, avec Rosalie Levasseur pour principale interprète. Gluck,

Fig. 227. — Mme La Ruette et Clairval, dans *Julie*, opéra-comique de Dezèdes, représenté à la Comédie-Italienne en 1772.

protégé par la reine, avait promis de faire la musique du *Roland* de Quinault, arrangé par Marmontel ; mais, irrité des malveillances de la critique, il repartit pour Vienne, emportant ce qu'il avait déjà composé de cette dernière partition.

En ce moment même, à la fin de 1776, arrivait à Paris, presque en cachette, Nicolas Piccini, qui venait de signer un engagement avec l'Académie royale de musique, pour la partition d'un opéra qu'il mettrait à exécution à Paris même. Cet opéra n'était autre que *Roland,* déjà préparé pour Gluck, et Piccini, qui savait à peine quelques mots de français, écrivit son ouvrage sur un canevas prosodique, dans lequel Marmontel eut la persévérance de tracer vers par vers et mot par mot le travail du musicien. Ce fût un rude et long effort, dont Piccini sortit enfin à son honneur. La représentation était attendue avec une fiévreuse anxiété. On savait que Gluck, blessé de l'engagement secret contracté par Piccini avec le directeur de l'Académie royale, avait jeté au feu tout ce qui était fait de sa partition de *Roland*, en jurant qu'il ne remettrait pas les pieds en France. Trois mois après l'*Armide* de Gluck, qui n'avait pas obtenu tout d'abord le succès qu'elle méritait, le *Roland* de Piccini fut joué, à Versailles, le 27 janvier 1778, et malgré la formidable cabale des partisans du grand maître allemand, le public, charmé des douces et gracieuses mélodies que le compositeur italien avait répandues dans sa partition, fit taire les interrupteurs qui troublaient la représentation, applaudit avec transport, et ramena l'artiste en triomphe chez lui.

Deux partis passionnés étaient dès lors en présence : les *gluckistes,* ayant à leur tête Suard, l'abbé Arnaud, Coqueau, du Rollet; les *piccinistes,* Marmontel, la Harpe, Ginguené, d'Alembert. Ceux-là proclamaient la supériorité du style de Gluck, comme vigueur et comme expression; ceux-ci préféraient à tout les mélodies de Piccini. La lutte était engagée, de part et d'autre, avec une furieuse animosité : les salons, les cafés, les lieux publics, les journaux surtout, se transformaient en arènes ouvertes à la plus ardente polémique. Le directeur de l'Académie royale, Berton, eut l'idée de proposer aux deux antagonistes une espèce de joute musicale, en leur demandant de faire simultanément la partition d'une *Iphigénie en Tauride.* Gluck, avec sa fougue ordinaire, termina le premier son œuvre et la fit exécuter, à l'Opéra (1779), avec un succès prodigieux, qui pourtant

Fig. 228. — Léopold Mozart, père de Marianne Mozart, virtuose âgée de onze ans, et de J.-G. Wolfgang Mozart, compositeur et maître de musique, âgé de sept ans. Gravé par M. De Lafosse, d'après Carmontelle (1764).

ne réduisit pas ses ennemis au silence; mais Paris était dans l'enchantement et applaudissait le compositeur allemand, qui venait de produire un nouveau chef-d'œuvre d'expression dramatique. Ce dernier pourtant n'était pas satisfait de cet éclatant succès, que troublaient encore les discussions de la critique hostile. C'est en vain que le directeur Berton voulut mettre fin à la guerre, en réunissant à la même table Gluck et Piccini, qui s'embrassèrent d'assez bonne grâce. Gluck, averti qu'on persistait à faire représenter l'*Iphigénie en Tauride* de Piccini, quitta brusquement la cour, où il était maître de musique des enfants de France, et retourna pour toujours à Vienne. Son départ mit fin à cette grande querelle musicale, et l'opéra de Piccini fut enfin représenté (1781) avec les honneurs de la guerre, mais sans pouvoir être comparé avec le chef-d'œuvre de son redoutable rival.

Désormais la musique italienne régnait paisiblement dans les théâtres (fig. 227), comme dans les salons; ici, on n'entendait que les sonates de Viotti et de Pugnani; là, on acclamait, avec le nom de Piccini, les noms de Sacchini, de Salieri, de Bruni, de Martini, de Cherubini, etc. Les musiciens français les plus habiles, Candeille, Lemoyne, Gossec, Vogel, n'obtenaient que des succès d'estime, froids et peu durables. Grétry seul restait en possession de sa gloire modeste et justement méritée. Les triomphes retentissants de Mozart, qui remplissaient l'Allemagne, avaient des échos sympathiques à la cour de France (fig. 228). On se rappelait les débuts à Paris de ce virtuose de sept ans (1763); on se reprochait d'avoir laissé partir en 1778, découragé et mécontent du public français, celui qui devait, par tant de chefs-d'œuvre, ouvrir à la musique dramatique des voies nouvelles, et Marie-Antoinette songeait, dit-on, à le rappeler en France lorsque la Révolution éclata.

Cinq ans auparavant (1784), on avait institué, sous le nom d'*École royale de chant*, une école de musique indépendante des maîtrises de cathédrale; elle donna naissance au Conservatoire de musique.

« Avec la révolution de 1789, » dit M. Chouquet, « s'ouvre pour notre théâtre lyrique une ère nouvelle : les pastorales, les esquisses légères et les tableaux dans le genre de ceux que nous ont laissés Greuze et Watteau y sont remplacés par de fortes images, par des figures austères ou poétiques, par des scènes d'histoire et des souvenirs de l'antiquité; aux comédies agréables, réjouissantes ou sentimentales, tout à coup succèdent de mâles conceptions qui rappellent le peintre vigoureux de *Léonidas aux Thermopyles*. Méhul fut le David de la musique dramatique. »

# TABLE.

## LE THÉATRE.



## LA MUSIQUE.

www.ingramcontent.com/pod-product-compliance
Lightning Source LLC
LaVergne TN
LVHW010540100826
845148LV00001B/248

* 9 7 8 2 0 1 2 5 6 5 8 9 0 *